黛安娜·弗里兰自传

[美] 黛安娜·弗里兰（Diana Vreeland）———— 著

高月娟 ———— 译

重庆大学出版社

目 录

我很讨厌说过去的事。

有一天晚上，在圣多明哥（Santo Domingo）[1]举行的一场奥斯卡·德·拉·伦塔(Oscar de la Renta)[2]的发布活动上，出版经纪人，“万

1　圣多明哥（Santo Domingo），多米尼加共和国首都和最大的城市，也是加勒比地区人口最多的大都市。

2　奥斯卡·德·拉·伦塔（Oscar de la Renta，1932—2014），出生于多米尼加的时装设计师，美国十大设计师之一。

人迷”塞缪尔 · 拉扎尔（Samuel Lazar）[1] 转过来和我说：“娃娃脸”——他总是这么叫我——“你的问题就是你的整个世界都和恋旧有关。”

“听着，‘万人迷’，”我说，“我们都用自己的方式生活，所以请闭上你的嘴巴！”

然后我一拳砸中了他的鼻子。他大吃一惊，抓起一只瓷盘子，塞进礼服的胸口保护心脏，于是我就又一拳砸中了那只盘子！

恋旧！？——他竟然说我恋旧！我不相信人类发现青霉素之前的任何事情。

不过我倒想告诉你我相信哪些东西。我相信石膏背撑。

我来给你讲讲 1978 年春天那个晚上发生的事。

那天晚上我在伦敦的圣 · 洛伦佐餐厅（San Lorenzo's）吃饭，当时已经很晚了，和我在一起的是伟大的摄影师大卫 · 贝利（David Bailey）[2]，还有杰克·尼科尔森（Jack Nicholson）[3]。你不觉得吗，杰克是我们这个时代最好的演员。他有一张让人信服的脸，还有他鼻尖上的那股戏谑劲，对吧？另外他还具备一种所有伟大演员都有的能力——他学什么像什么。你有没有见过他模仿艾哈迈德 · 埃尔特贡（Ahmet Ertegun）[4]，就是创办大西洋唱片公司的那个土耳其人，杰克抓住了……他的特点——艾哈迈德身上那种土耳其科尼亚旋转舞的感

1　塞缪尔 · 拉扎尔（Samuel Lazar），美国电影界和出版界的天才代理人和交易人。

2　大卫 · 贝利（David Bailey，1938—），英国时尚和肖像摄影师。

3　杰克·尼科尔森（Jack Nicholson，1937—），美国演员和电影制作人，因在讽刺喜剧、浪漫电影中出演反面人物和恶棍而闻名。

4　艾哈迈德 · 埃尔特贡（Ahmet Ertegun，1923—2006），土耳其裔美国商人、作曲家、慈善家。

觉。我觉得只有看到他模仿别人的时候，你才能真正了解你眼前的这个人。通常的状况是，你没办法直接通过这个人了解他。

不过让我先讲讲那个晚上的事。

我亲爱的朋友杰克·尼科尔森让我非常担心，因为他的后背出了大问题，他疼得没办法坐下来。

你知道的，后背是我们身上最重要的部位。每天结束的时候我从不会感觉累——一丁点儿都不累，都归功于我的坐姿。在我纽约大都会博物馆的办公室里，有一把我在《时尚》杂志时就坐的厨房椅子。他们把这把椅子给我送了过来，因为没人愿意在他们时髦的办公室里放一把那么难看的椅子——但是它能给我的腰部很好的支撑，这是最重要的。另外我还有一个小橡胶靠垫，正好撑住我的尾椎骨，让我坐得很挺拔，向上、向上、向上。每个来我办公室的人都觉得，那个靠垫有点像医疗用品——其实它就是医疗用品，是我从药店买来的——不过我就是想坐得端正又挺拔，那个靠垫简直是太棒了。

还是说回那个晚上。杰克的后背疼得厉害，他甚至都坐不下来……他在餐馆里走来走去，把香烟揉得稀巴烂……简直像是在受刑。于是我说，“好了，我受够了！市面上的药你都吃过了，但就是不照我说的做。今晚我就要解决你的问题。我能借用一下你的司机吗？”

当然了，摄影师老贝利，坐在那里一动不动，用他那玩世不恭[1]的口气说，“弗里兰，你是真疯了，晚上这个时间你什么都买不到，

1　原文为法语：dégagé。

你不了解伦敦。”

我当时真该跟他打个赌，我说，“我可比你了解伦敦。我知道去哪儿买——皮卡迪利广场（Piccadilly Circus）的布茨药房，那里整晚都营业。什么都能买得到，进去问就行了。”

于是我走出了餐厅，找到杰克的车子，对他的司机乔治说，“我真是受够尼科尔森先生啦！他根本就不明白，他现在的状况我早已经历过很多次——就是后背的问题。他得先止住肌肉的痉挛，所以他需要一个石膏背撑。我想去皮卡迪利广场的布茨药房，那个药房还在吧？”

“当然还在，夫人。”

于是我们就坐上了一辆你能想象的最大的奔驰车。但是我也开始想，老贝利说的话可能多少有些道理，也许布茨药房是开着的，但只处理紧急情况。于是我跟司机说，“乔治，我是这么想的。我们到了布茨药房之后，最好我来假装病人……这样可以让他们觉得事态严重一些。所以从现在开始我就会很不舒服了……现在我的腿已经不能动了！你觉得可以吗，乔治？”

“就听你的，夫人。”

我们到了药店。自然，乔治费了九牛二虎之力才把我扶下了车。我们走了进去。乔治扶着我，而我自然紧紧抓着两旁的陈列货架。这些货架装饰得很漂亮，打在上面的灯光很美，和我四十年前离开伦敦的时候一样。

在那个年代，人们会在午夜的时候来布茨药房买春药——西班牙

苍蝇（Spanish Fly）、琥珀月亮（Amber Moon）……非常非常受欢迎。你可能听说过西班牙苍蝇，但估计你从没听说过琥珀月亮，但是那个时候它们非常受欢迎。不过那天晚上，我可不是要找西班牙苍蝇或琥珀月亮，我只是想要个背撑。于是店员从柜台里面拿了一个出来。“我要买……两个，”我说。“你看得出来，我的背疼得厉害。”拿上那两个背撑，我钻回了大奔驰车里。

回到餐厅，乔治和我一起走了进去。“好了，贝利，”我说，“也许你是听着伦敦圣玛丽勒波教堂的钟声出生的，但我也不是新手。我再熟悉伦敦不过了，想买什么就可以买到什么。”

然后我对司机乔治说——这个时候我和他的关系已经近多了——“带尼科尔森先生去楼下男士洗手间。你带他去，我教你怎么用这个背撑。”

“噢，见鬼去吧！”杰克说，“下楼来，你来帮我穿。”

你知道伦敦的圣·洛伦佐餐厅吗？从街上一进到餐厅，就能看到男士和女士洗手间。你觉得我们俩都进洗手间了吗？当然没有。我们就站在一楼大厅里，杰克直接把裤子脱了下来……

“哦，你的状态，真是好极了，”我说，“不得不说你的内分泌很好，形状很丰满而且是粉红色的。”

然后我就开始撕背撑上面的包装纸。杰克粉红色的屁股正对着我，但我就是没办法撕掉包装纸。“你最好还是把裤子穿上，”我说，“过几分钟就会有人经过，会以为撞见我们在做什么见不得人的事。”

他摇了摇头，似乎并不在意这个。终于包装纸被我撕掉了，然后我说，“好了，杰克，我现在要帮你穿上了。我穿的时候，你要向后靠，然后要扭一扭，这样才不会束得太紧。”我给他做了示范。“不然的话，”我说，“穿上之后你就不能动了。”

这会儿，我们有了个小观众，他正站在门外的大街上，透过门上的窗户看着我们。我帮杰克穿好背撑，他立即就站直了。他穿上了裤子，好了，至少他现在能坐下来了。我们回到楼上，继续吃晚饭。别问我们几点钟才吃完的——反正是很晚。他们接下来要赶去参加什么派对，于是我们回到了奔驰车上，我突然发现我们当时正位于摄政公园（Regent's Park）北面。

我说：“好了，现在你们得把我送回家去。”

“噢，得了吧，弗里兰，”贝利说——他总是叫我“弗里兰”，而我总是叫他“贝利”——“你以前在外面待得可比今天晚多了。”

“我才不想去参加什么派对，”我说，“除了你们之外我也不想见其他任何人。不过既然我们已经在这儿了……我想去我以前住的地方看看，就在摄政公园的另外一边，在汉诺威平台（Hanover Terrace）那边。自打我 1937 年离开英格兰之后，就再没回过我的老房子。”

你一定能想象得出来，他们当时对这个建议有多没兴致。汉诺威的每一栋房子看上去都是一模一样的。我的房子自然完全不一样——走进去就看得出来。在这条街的尽头是汉诺威小屋，房子是里布斯代尔夫人（Lady Ribblesdale）的，我的好朋友爱丽丝·阿斯特（Alice

Astor）[1]——也就是爱丽丝 · 奥博伦斯基（Alice Obolensky）[2]，爱丽丝·冯·霍夫曼斯塔尔（Alice von Hofmannsthal）[3]，以及爱丽丝·布维（Alice Bouverie）[4]——曾经住过…… 不管怎么样，爱丽丝 · 阿斯特的父亲是约翰 · 雅各布 · 阿斯特（John Jacob Astor），就是和泰坦尼克号一起沉没的那位先生。她真是一个可爱的漂亮女人——感谢上帝，炸弹落下来的时候她没在那房子里面，房子给炸了个稀巴烂。

我下车走上台阶，走到我们的房子前。我走近大门，这里曾属于诗人埃德蒙·戈斯爵士（Sir Edmund Gosse），在20世纪初和19世纪末，他曾是文学界的一个大人物——你知道，就是《黄面志》[5]（*Yellow Book*）之类的。回忆录里的一半记录了发生在汉诺威特勒斯17号（17 Hanover Terrace）这里的事情。1929年我们从他的遗孀手中买下了这栋房子，当时房子的外立面[6]已经没有了[7]，然而它还是那么地漂亮，花园的下面还有个储藏室……

我实在是太喜欢储藏室了，我都可以把床安在储藏室里，这样我就可以和奶酪、腌肉还有猎来的野味躺在一起，嗅着好闻的黄油和泥土味。我经常对纽约人或者无论来自哪里的什么人说，“你们究竟是怎么了，只要是有花园的地方，就一定要有储藏室。只要土够好就行，

---

1 爱丽丝 · 阿斯特（Alice Astor），美国社交名媛，阿斯特家族的女继承人。

2 爱丽丝 · 阿斯特嫁给第一任丈夫后改随夫姓。

3 爱丽丝 · 阿斯特嫁给第二任丈夫后改随夫姓。

4 爱丽丝 · 阿斯特嫁给最后一任丈夫后改随夫姓。

5 《黄面志》，一本于1894—1897年间出版的英国文学季刊。

6 原文为法语：façade。

7 原文为法语：rien。

向下挖，挖出一个储藏室来！”老天爷，我曾经有多喜欢我们那个储藏室啊……

在花园的尽头，我们把马车房改成了车库，我们那辆漂亮的布加迪车就停在那里。当时我们的司机非常年轻，每次我的两个儿子得水痘、腮腺炎、麻疹之类的病，都会传染给他。战争期间他一直给我们写信。在我们搬去纽约后不久，他在白金汉宫找到了差事，成了伊丽莎白公主的副手司机。有一天，他写信给我说："夫人，现在我为女王陛下开车了。"人生多奇妙！

车库的上面是佣人房，我给房间里安装了暖气机和洗手池，还装了一个挺好的浴室——其实没太大必要，每个礼拜佣人们都至少要和我说三遍，说暖气机把她们吓得要死——她们害怕它会爆炸，她们也从来不敢拧开任何一间卧室里的水龙头。真是让人难以理解的一类人，她们害怕流动的水，但她们从没离开我。我们搬家到美国之后，两个女佣也去白金汉宫工作了，因为我们的管家认识某个在皇室当差的人。英格兰这所房子里的一大家子在我的一生当中占据了很大部分。

他们都有各自的人生，我们在一起的时候相互协作得很愉快。这就是我离开英格兰之后能去《芭莎》杂志（*Harper's Bazaar*）[1]工作的原因——我知道怎么工作，因为我知道怎么管理一个家。老天爷……我这辈子唯一学到点什么的机会，就是在英格兰的那十二年里！

让我接着说吧，于是我走进了大门……

---

1 《芭莎》杂志，由美国赫斯特出版集团于 1867 年创刊的女性流行时尚杂志。

花园里那些精心修剪过的植物已经都看不到了。当然了，我们的花园都是会修剪的。在最上层的台阶上，在大门的两旁，我曾经各摆放了一株修剪成小熊造型的植物。你知道，绿色植物和英格兰的关系，就像鼻子和脸的关系一样密不可分。在汉诺威特勒斯 17 号（17 Hanover Terrace）的这栋房子里，我在画室长长的法式窗户前种了一些橘子树——那是有一天清早我去考文特花园（Covernt Garden）选来的——地上摆了一盆盆你能想出的所有颜色的瓜叶菊。房子的墙壁是一种漂亮的淡赭石色，颜色选自一面科罗曼德屏风上的一个中国人物脸上的肤色。还有布里斯托蓝色印花棉布窗帘——你知道布里斯托蓝是什么吧——窗帘上有蝴蝶结和红玫瑰。透过高大的落地窗，你可以看到摄政公园里所有漂亮的花、灌木和树木。鸭子都在早上出来。晚上在我们准备上床休息的时候（我们总是很晚才睡），他们就开始喂狮子了——狮子一边吼叫，一边享用它们的晚餐。噢，在伦敦市中心能听到狮子叫，真的很奇妙！

所以，我们那个时候就住在那里。我丈夫里德（Reed）[1] 当时在担保信托公司工作，他每天早上八点一刻出门上班，每天都很准时，而且每天都穿得很帅气。

里德向来很在意穿着。他有很多件衣服——丝绸衬衫、设计精细的工作衬衫、一排排挂起来的浆过的硬挺衬衫——有那么多件，品质都那么好，砰，砰，砰！还有那些帽子！每一顶都漂亮极了。大部分

1　托马斯 · 里德 · 弗里兰（Thomas Reed Vreeland），作者的丈夫。

的帽子我都送了人。有些年轻人来我家做客，他们想要这些帽子。我还留着五六顶——我都会捐给大都会博物馆。这些帽子都是定做的，非常合戴，漂亮的毡子面料——手感就像缎子一样。圣詹姆斯街上的那间洛克裁缝店（Lock’s）真是男人的天堂，男人的乐园。我还记得最后一个对我行脱帽礼的人，是那么优雅，那么富有魅力。我当时走在第五大道上，洛尼 · 特利（Ronnie Tree）向我走了过来，他戴了一顶圆顶礼帽。如果你还记得他的头发，他有一头多么惊人的头发啊，像小灌木丛一样围绕在耳朵两边，多时髦，戴上帽子更是精彩。要戴那顶帽子，你的脑袋要很特别才行，头发要很硬才行。他向我脱帽致敬，多有魅力，脱帽礼实在是太美了，多让人难忘啊！

可是，突然之间再也没有人行脱帽礼了，不是吗？另外你也再见不到那些精力充沛的粉红色英国面孔了——那些经过风吹日晒的微笑着的脸——也消失了，不是吗？被潮湿沉重的风吹走了。可能如今的小伙子们不再像以前那样出去打猎了。1960 年代的时候，男士礼帽在一夜之间消失了。我还记得有一天早上，还很早，里德上班之前来和我道别，没戴帽子。我说，“可你还没戴帽子呢。”他每天早上跟我道别的时候，总是从头到脚都穿戴妥当。他回答，“我不打算戴帽子了。”就是这样。

说回汉诺威的那间房子。房子的内部漂亮极了——但也挺寻常，你明白我的意思吧？我是想说，我们的房子里没有布置什么华丽的……灯光。窗边种着橘子树，光线从中穿过然后照进屋子……一种非常英国的光线。

那晚我站在门前环视四周。门廊还保护得非常好，这很英国，为这栋房子增加了一点与众不同之处。但是大门被漆上了非常难看的颜色。我们住在那儿的时候，大门有点锈蚀，我们就把表面重新抛光，然后上了漆。房子里的每一扇门里面都是朱红色的，但你不会通过朱红色的门走进房子。我就站在大门前。透过两旁的窗户看进去，房子里没有什么可看的，就是一座空屋。但是我的老门环还留在门上，是一只孤零零的小手的形状。它是 1930 年代的时候安上去的，它扛过了闪电战和当时的腥风血雨。一只门环！啊，当然它不仅仅是一只门环了！它是我从法国的圣马洛买来的，当年我还很年轻——而且当时我们快要误船了，想不起来我们要去哪里。于是我对里德说，“那只小手——我太喜欢了。”于是我们敲了门，一位女士走了出来，二十分钟过后——如果你和法国人说要付钱，他们就会很慷慨——我们就把那只门环带走了。那是一只很有意思的维多利亚时代的门环，没什么太多可讲的[1]。但是，噢，老天爷啊！于是我转身走下台阶，钻进了汽车，对大卫·贝利和杰克·尼科尔森说，“好了，现在我们去参加派对吧！”

1 原文为法语：grand' chose。

第二章

“弗里兰（Vreeland）——V 开头的！”每次需要在电话里报名字的时候我都会这么说，“‘胜利’的那个 V！‘暴力’的那个 V！”

不过我记得在英国的时候，一个电话接线员曾经对我说，“不是的，夫人，是‘紫罗兰’的那个 V。”

我很喜欢她提出的这个反对意见，“对，”我说，“你说得有道理。”

我喜欢紫罗兰的这种感觉。

我的妹妹亚历山德拉（Alexandra）就有一双紫罗兰色的眼睛。

她比我小四岁半，1914 年我们家从巴黎搬到纽约时，她还是个小婴儿。我还记得人们说她是“整个中央公园里最漂亮的婴儿”。在那个时候，世界还很小，街头巷尾口耳相传着很多这样的小称号。我妹妹坐在婴儿车里——打扮得实在有点过了头，你能明白吧——然后路人就会停下来看她。每当有人看她，我就会跑去婴儿车旁边，因为我是那么地以她为荣。

“噢，真是个漂亮的小宝贝！”他们会说。

“对啊，”我总是回答，“她的眼睛是紫罗兰色的……”

后来，在我和我母亲之间爆发了可怕的一幕。有一天她对我说：“你有个那么漂亮的妹妹，但你却长得那么难看，而你又非常嫉妒她，这实在是太糟了，就是因为这个，你才这么难管教。”

其实这番话没有太冒犯到我，我当时只是走出了房间。我也懒得去解释其实我很爱妹妹，她比世上其他任何人都让我骄傲，我非常爱她……我们的父母，你知道的，有时也会挺可怕。

我和我母亲相处得不太融洽，极个别的母女才相处融洽。她长得很漂亮。我先给你说说我们美国那边的亲戚：巴尔的摩的霍夫曼（Hoffman）和凯伊（Key）。弗朗西斯 · 斯科特 · 凯伊（Francis Scott Key）[1] 是我的舅爷爷。我母亲出生后取名艾米丽 · 凯伊 · 霍夫曼（Emily Key Hoffman），她父亲叫乔治 · 霍夫曼（George Hoffman）。我对巴尔的摩一无所知，对自己的家庭背景也不了解。不过听说我曾祖母和

1　弗朗西斯·斯科特·凯伊（Francis Scott Key，1779—1843），美国律师、作家和业余诗人，他的诗《星条旗永不落》后来成为美国国歌的歌词。

她的妹妹曾经打过一场官司，为了争夺一张餐桌的所有权。法官实在受不了了——官司是在巴尔的摩打的——他叫了个木匠来，把桌子劈成两半，然后说："你们两个女人都出去，别再回来了，桌子一人拿走一半！"

我父母是在巴黎认识的。虽然我母亲的家庭成员都是美国人，但常待在欧洲。我的娘家本来姓达尔泽尔（Dalziel）——念出来是迪埃尔（Dee-el），达尔泽尔曾经是《读者文摘》杂志（*Reader's Digest*）[1]选出的世界上最难念的三个名字之一。另外一个是乔蒙德利（Cholmondeley）——念出来是查姆利 Chumley；第三个我想不起来了，但肯定是个英文名字。英语真是一种很难的语言。达尔泽尔这个名字来自公元 834 年，苏格兰国王肯尼思二世（Kenneth II of Scotland）。在旧盖尔语（Old Gaelic）里面的意思是"我敢"，那正是我。

我父亲，弗雷德里克·Y．达尔泽尔（Frederick Y. Dalziel），是个彻头彻尾的欧洲大陆上的[2]英国人；他和纽约的关系并不比我和波斯或者西伯利亚的关系更近。我母亲有一头深棕色的头发，就像我以前的深棕色头发一样，但是当然了，她是个美女，我长得一点也不像她。毫无疑问，她就是人们所说的巴黎"美好年代（La Belle Epoque）[3]"里许许多多个美人当中的一个。

---

1 《读者文摘》杂志创立于 1922 年，是一本美国出版的适于家庭阅读的杂志。

2 原文是 Continental，指欧洲大陆的，不包括英国和爱尔兰。

3 美好年代，法国历史上的一段时期，也泛指整个欧洲的美好年代。在这期间，整个欧洲都享有着一个相对和平的年代。该年代开始于 1871 年，拿破仑三世被俘，法兰西第三共和国建立，结束于 1914 年，第一次世界大战开始。这个时期的主旋律是和平与发展，经济环境良好，在乐观的氛围之中，科技与文化都收获了长足的进步。

我很幸运——别以为我不感激——我们的父母非常爱我和妹妹。他们是生活在从爱德华时代向现代世界过渡时期的巴黎人，总是很活跃、快乐，模样也漂亮帅气。金钱对于他们来说不重要，他们在我们身边时的状态都很好，每一天都充满了各种各样有趣的人和事——不是为了我们，而是因为他们就过着这样的生活。许多不平凡的人物来过我们家，艾琳（Irene）和维农 · 卡索（Vernon Castle）[1]，尼金斯基（Nijinsky）[2] 是跟迪亚吉列夫（Diaghilev）[3] 一起来的。他不是那种会给你留下特别深刻印象的人，但是你能感觉到他的存在。迪亚吉列夫则非常引人注目。他有一缕银发，还有一缕黑发，而且他戴帽子的方式非常精彩。我对他记得很清楚。小尼金斯基就在他身边，就像一只宠物格里芬（Griffin）[4]。他不怎么说话。当然了，我们都知道，眼前的这两位可是世上最伟大的芭蕾舞大师。我们就是知道——你瞒不住小孩子！

不过，我的保姆可是很让人害怕的。当然了，保姆们常常会处于一种沮丧的状态里。她们可能很喜欢孩子，但孩子又不是她们亲生的，而且总有一天她们会永远离开这些孩子。对我而言我无法忍受自己的保姆。她属于最糟糕的那种。

不过我也得承认，她身上有一点致命的吸引力，我总是会想起她。

1　艾琳（Irene）和维农 · 卡索（Vernon Castle），20 世纪初出现在百老汇和无声电影中的由交际舞演员和舞蹈教师组成的夫妻档。

2　瓦斯拉夫·尼金斯基（Vaslav Nijinsky，1889/1890—1950），俄国芭蕾舞演员、编舞家。

3　谢尔盖 · 迪亚吉列夫（Sergei Diaghilev，1872—1929），俄国芭蕾舞大师。

4　格里芬（Griffin），希腊神话中一种鹰头狮身有翅的怪兽。

她的名字叫“粉红色”，我常常觉得那个名字很有风格。

我们住在巴黎的时候，除了星期三她休息之外，粉红色都会带着我们，从我们位于杜博伊斯大道（avenue du Bois）的家出来，穿过弗什大道（avenue Foch），去布洛涅（Bois de Boulogne）森林公园玩。一到星期三，我们的祖母就会把她的秘书奈芙小姐（Miss Neff）借给我们。她是个叫人害怕的、有些凄惨的、瘦弱的美国女人——已经很老了——她总穿同一条旧式的黑色蕾丝裙。一到星期三，奈芙小姐就带我们去卢浮宫看《蒙娜丽莎》。永远是黑色蕾丝裙、卢浮宫和《蒙娜丽莎》……

有一天，我们第110次去看《蒙娜丽莎》。我们得站在“这里”，“那里”，“这里”，还有“这里”，因为奈芙小姐每次讲解的时候都要说，“无论你站在哪里，都会觉得她在看着你……”

我和妹妹每次都照她说的做，所以关于那幅画，我们确实知道很多。就在那个星期三的下午，因为我们不断变换角度去看那幅画，保安不得不过来和我们说，我们已经是最后的观众了，必须得离开。我还记得穿过卢浮宫宽敞的大理石房间时，我们的小鞋子踩在地板上空荡荡的回音。第二天早上，所有的报纸都在报道，就在那天晚上，有人把《蒙娜丽莎》给偷走了。

我猜他们最终是在一个穷画师潮湿浴室的垃圾桶里，发现了那个“可怜的老女孩”，“她”从画框里被割下后卷成了一筒。之后两年的时间里，“她”都没有再被展开过。别忘了那可是世界上最著名的画，也别忘了，那时的世界有多么小。真是个悲剧。就像有人把你的孩子绑走了一样。

后来他们把“她”找回来的时候，又是一桩大新闻，不过还是被偷走的时候引起的讨论更大。我和妹妹是她失踪之前最后见到“她”的人。就那么一天，我俩成了在布洛涅森林公园里玩的最出名的孩子。到了下一个星期三，当奈芙小姐应该带我们去卢浮宫看《蒙娜丽莎》的时候，那个时候画已经被盗了。但你觉得那个年龄的孩子会在意这个吗？一点都不，对于我们来说简直是大大松了一口气。于是我们又去了布洛涅森林公园，这我反而更喜欢。

事实上，布洛涅森林公园里有我的梦。我在一个被“漂亮美人”围绕的世界里长大，一个漂亮的美人贡献了一些东西的世界，一个认为妓女和风尘女子是巴黎最伟大人物的世界。她们是伟大的派对女主人、伟大的女管家，穿着迷人礼服的伟大的女人们。她们待在她们那一半的世界里，而且那一半世界非常重要。而布洛涅森林公园是她们早上散步的地方。这就是那些风尘女子美丽的秘诀。她们呼吸清晨的空气。她们早上八点半钟去公园，之后回家休息，做个按摩，接着就安排晚宴菜单，招待她们的绅士朋友们。在那个时候她们上床很早，你知道……那些我们过去几年里参加的那种午夜晚餐，是给小鸟们准备的。所以这些风尘女子都是漂亮的大美人。

不用说，我对衣服总是有着非常疯狂的迷恋。如果你出生在巴黎，就不会有哪怕一分钟不去想衣服。我在布洛涅森林公园里见过的那些衣服啊！如今我已经意识到，我目睹了新世纪的开始，一切都是崭新的。

当然了，大多数风潮是由迪亚吉列夫引领的。那些韵味、奢华、诱惑、兴奋、激情、碰撞与颠覆……这个男人带来了彻头彻尾的改变！他对巴黎的改变是彻底的，在那之前的爱德华时代是个钢铁般坚硬的时代。除非有什么新时代到来，否则它就会一直是那个样子。接着，新时代到来了，带着横扫一切的势头——包括时尚，因为时尚就是社会和生活的一部分。

那些崭新的色彩！在那之前，红色从来不是红色，紫罗兰色也不是紫罗兰色。颜色总是微微……偏点灰。但是布洛涅森林公园里的那些女人，她们衣服的颜色就像刀刃一般锐利：很正的红色、狂野的紫罗兰色、橘色——我说的“橘色”指的是发红的那种橘色，不是发黄的那种——翡翠绿和钴蓝色。还有那些面料——丝绸、缎子、织锦、绣籽珠辫，金经银纬，装饰着动物毛皮和蕾丝花边——有种来自东方的华丽[1]。从那之后再没有过那样的奢华了，那些女人看上去都很有钱。

她们的身型看上去也是全新的。几乎是一夜之间，维多利亚时期女人那用紧身胸衣勒出来的拘束的身型完全消失了。波烈（Poiret）[2]要为这场时尚变革负责——从人们熟悉的“美好年代”那些爱德华时代里穿着坚硬的紧身内衣，有一双大眼睛的美丽女人，变革到这个新的时代。那个时期的女人有腰也有胸部，当然了我想她们也有胃和其他的器官。但是波烈去掉了所有那些东西。紧身胸衣一去不复返。曾经的曲线被一条直线取代，好像每个女人从头到脚就是一条直线。女

1 原文为法语：splendeur。

2 保罗·波烈（Paul Poiret，1879—1944），法国 20 世纪初的大师级时装设计师。

人身体天然的样子是当时的新潮流。但是她们的裙子常常紧得过了头，她们几乎走不了路。我还记得她们小心翼翼地平衡着巨大的帽子，踩着小小的步子走在公园里，帽子上装饰着天堂鸟、帽章和白鹭的羽毛……

她们的鞋子都漂亮极了！很自然的，小孩子们都很注意鞋子，因为他们离鞋子更近。我还记得 18 世纪的鞋扣还是用铅玻璃装饰的，切割出来比人造钻石漂亮得多——看起来也更华丽。我喜欢脚上的装饰品，直到今天，我还是像以前那么喜欢鞋子。

还有马！当时汽车是新鲜玩意儿，但是那些女人还养着马，而且总是两匹马并驾或纵列的双座马车。在我小时候，那些漂亮的马，还有那些拥有它们的漂亮女人是联系在一起的。

还有香榭丽舍大道（Champs-Elysées）——大道倒是还在那里……只不过树少了很多，而且好像长得也不如以前茂密。不过还是能让你的眼睛很舒服——那些树都很挺拔颀长……我还记得当时在香榭丽舍大道举行的那些比赛，看看谁的两匹马——灰色或栗色的——会最先跑到大道的尽头，一路要用快步走的步伐，不能乱——那真是当时的新闻事件！是那些马儿的女主人或男主人的荣耀之一。

你知道谁最了解那些漂亮的女人们吗？你对马克西姆餐厅（Maxim's）了解多少？嗯，你从大街上走进餐厅去，自然会先看到门童[1]——或者说以前那里是有门童的，他们专门负责为客人跑腿，是

1　原文为法语：chasseur。

那个你会请他出去帮忙买三份《巴黎晚报》（Paris-Soir）或者其他什么东西的人——永远有人帮你跑腿——你要的东西他们会直接送到你的餐桌上。

“二战”后过了很多年，有一天，马克西姆餐厅一个资历很深的门童，一个非常老的老人，把他的笔记本[1]——记录着那些法国“美好年代”花街柳巷女子们风流韵事的小本子——交给了《芭莎》杂志。别问我那本子究竟是如何落到我们手上的。不过那时候《芭莎》杂志在巴黎名头很大，而且当时的主编卡梅尔·斯诺（Carmel Snow）在巴黎也是个大人物。所有人都知道那个有点疯癫又是那么光彩夺目的爱尔兰女人。不管她是醉着还是醒着，人们都喜欢她。她总是穿得那么漂亮，而且她常常是醉着的——倒不是说喝得醉醺醺。她的言谈仍然可以很出色——只不过她站不起来也走不了路。

但这不是重点。重点是她交到我手上的那个小本子。我找人把本子上的东西翻译出来，登在了《芭莎》杂志上。你知道吗，竟然没有一个杂志编辑，也没有任何一位读者提起过，这是一份多么不同寻常的社会文献。

那是本尺寸很小、看着很奇怪的小册子。你也知道法国人用纸有多节约。我们通常会把笔记本的第一页空着，然后在右手页上开始写字，而那个老门童真是个地道的法国农民：他直接在左手页上开始写，第一行就顶着纸的最上边写。在这个小本子上，他记录了全巴黎能找

1　原文为法语：cahier。

到的所有风月女子的名字，而且带着完整的细节——比如“左边屁股有痣”和“算不上顶尖[1]”，还有“夏洛街出身”和“要瞒着男爵夫人”……，还有其他的。这个老头子……想想看：他是这世上唯一知道某位公爵曾经非常想得到一位屁股左边有痣的女人这件事的人——因此本子上的内容应当很有价值！我想说，这真是太奇妙了。这样的东西你是编不出来的，因为，大家都知道，现实的确比小说要精彩。

伟大的是那些英国人。太厉害了。他们的需求简直坚如磐石，难以撼动。那些风月女子，想有多少情人就可以有多少情人，只要不被别人知道就行。这些女人有自己的厨师，自己的理发师，还有自己的裁缝。你见过琪琪（Gigi）吧，她们都知道怎么样分辨雪茄的好坏，也非常懂得白兰地和葡萄酒，也很会挑选厨师。那些男人当中有很多不住在巴黎，但是在巴黎留着大房子。有个曾经为克里斯汀·迪奥（Christian Dior）[2]工作，现在已经上了年纪的女人告诉我，“别忘了，弗里兰夫人，我们都是打前阵的幌子，女孩子要先去接待那些英国人，但是那些英国人是冲着男孩们来的，我们女孩子要先迎接他们。房子是我们在打理，自然也是给我们住。某个大公会送你一颗粉珍珠，接着另外一位大公再送你一颗灰珍珠。一切都是那么奢华，那么美好。在朋友们的眼中，绅士们的形象必须是绝对完美无瑕……比如一件崭新的貂皮大衣，一对新买的灰色马儿拉着一辆漂亮的马车，诸如此类。

1　原文为法语：pas tout à fait de premier ordre。

2　克里斯汀·迪奥（Christian Dior，1905—1957），法国著名时装设计师，同名品牌创始人。

的。”她告诉了我很多故事，因为她自己就曾经过过那样的日子。

1909 年，迪亚吉列夫把伊达 · 鲁宾斯坦（Ida Rubinstein）[1] 带到我父母在森林大道的家。他认为我母亲的品位很好。他认为这点很重要。伊达 · 鲁宾斯坦这位大美人，当时还是个默默无名的舞蹈家，正被福金（Fokine）[2] 和巴斯科特（Baskt）[3] 力捧，如果我母亲点头认可，她将会在舞剧《埃及艳后》（Cléopâtre）中领衔演出。而吉尼斯勋爵（Lord Guinness），将会为俄罗斯芭蕾舞团在巴黎沙特莱剧院整个演出季的所有费用买单。当时，吉尼斯勋爵简直是在照顾着全巴黎城的女人，或许他也喜欢男孩子。因此，也可以说，为了维护他的名誉……伊达 · 鲁宾斯坦就是他的幌子。

你知道吗，我和我妹妹什么都没有错过。小孩子都不会错过任何事——除非你把他们锁在阁楼上。我当时躲在屏风后面，然后伊达 · 鲁宾斯坦走了进来……

她穿了一身全黑的衣服——一袭黑色长袍直接拖到地上。在那个年代，你在房间里也会穿上外套，因为你永远不知道屋里的温度会怎样。外套的最下面是一条黑色的狐狸毛；外套领子和袖口也有很宽的黑色狐狸毛；她还拿了只超大的黑狐狸毛手笼，长得简直像两条袖子——她走进来的时候，手就揣在那手笼里。在外套的下面，她还穿了一双俄罗斯黑色小山羊皮长靴。她的头发就像美杜莎一样——有巨

1　伊达·鲁宾斯坦（Ida Rubinstein，1883—1960），俄罗斯舞蹈家、女演员、艺术赞助人。

2　米哈伊尔 · 福金（Michel Fokine，1880—1942），开创性的俄国芭蕾编导及舞蹈家。

3　列昂 · 巴斯科特（Léon Bakst，1866—1924），俄罗斯画家、场景和服装设计师。是谢尔盖 · 迪亚吉列夫和俄国芭蕾舞团的成员，设计了奇特、色彩丰富的表演服装。

大的黑色发卷，上面盖着黑色的薄纱，薄纱压着她的发卷，也刚好遮住她的眼睛。透过薄纱，她的眼睛……我之前从没见过化妆墨。如果你从来没见过化妆墨，好家伙，那可真是个难得的好机会！她的眼睛是细长的，缓慢地转动着——黑色、黑色、黑色——她整个人就像一条蛇，但是她并不会让你觉得危险。她很纤长，很轻盈，性感而柔软……一切都是线条、线条、线条。她没有经过专业的舞蹈训练，但是她想跳芭蕾。我猜她来自圣彼得堡一个富有家庭——一个性感的犹太女孩，手里有不少钱。

我母亲被她迷住了，她对迪亚吉列夫点了头。我还记得我母亲说，“她也许没接受过专业舞蹈训练，但她本来不也没事可做吗，躺在那里也有一副快乐的表情。”

正如你所知道的，在那一幕壮观的入场式里，她被四个努比亚人[1]横在肩膀上扛了进来，他们的身上自然都穿着用小粒珍珠缝制的演出服，而她基本上一丝不挂，脚趾上戴着一颗很大的绿松石戒指……漂亮极了。那真是一场可怕的放纵与狂欢，人人都在消费着其他人，也被其他人消费着……但是她什么都不需要做。

迪亚吉列夫高兴极了，因为他知道他们在沙特莱剧院的整个演出季都有吉尼斯勋爵赞助，而吉尼斯勋爵自己也很高兴，因为有人帮他打幌子。于是所有的一切就从那一年开始了，那是 1909 年，就是事情开始的年头，他们说，一切就是这么开始的。

1　努比亚人 Nubian，生活在埃及南部与苏丹北部之间沿着尼罗河沿岸的地区的人。

现在回想起来，我很喜欢自己被抚养长大的方式。我满意于自己在当时就知道的那些事情，也很满意自己了解那些事情的方式。我的经历很单纯，很简单，也很引人入胜。我成长在很多事物的春天阶段。当时大英帝国还在，我就是帝国的一个产品。我不觉得真的有人明白当时的有钱人是什么样子的。

我没接受过正式的教育，我也是第一个这么说的人。不过父母的确给我和妹妹安排了最棒的事情做。1911 年，他们把我们从巴黎送到伦敦，我们由保姆陪着，坐在看台上，观看了乔治五世的加冕典礼。我们为此兴奋了三天三夜，所以你应该能想象得出我会怎么和你讲这一段。你可能会说，一个像我那么大的孩子，不会完全明白发生了什么。但是你一定猜不到我当时看懂了什么，看到了什么……

有好多的马。棕色白色相间的马，黑白相间的马，还有身上有虎斑的马、花鬃马和灰鬃马——这些漂亮的马都是在汉诺威繁育，用来拉车的。这在当时极为流行。

你知道，当时还有很多公国。就拿德国来说吧，别忘了当时的德国有多少个联邦州。我现在可能连名字都记不住了——汉诺威（就是繁育马匹的）、萨克森—科堡—哥达（Saxe-Coburg-Gotha）、萨克森（Saxony）、普鲁士（Prussia）、巴伐利亚（Bavaria）、符腾堡（Württemberg）、绍姆堡—利佩（Schaumburg-Lippe）。还有比利时国王和他的皇家马车。还有那些巴尔干半岛诸国的国王和王子们——阿尔巴尼亚、保加利亚、希腊、黑山、塞尔维亚，还有他们的皇家马车。还有俄国的沙皇——我是说整个俄国的沙皇——还有他的皇家马车。匈牙利人，罗马尼亚人，土耳其人，还有中国人和日本人。当时我们确实需要学一学地理，你猜怎么着，我们确实学得不错。混杂（mélange）真奇妙，我喜欢混杂。今天我仍然觉得这个词很欧洲——血统的混杂、人种的混杂、化学的混杂……

别忘了当时整个场面有多奇怪。我的意思是，塞尔维亚的国王——多奇怪！别忘了，乔治国王（King George）和玛丽王后（Queen Mary）当时是印度的皇帝和皇后。马哈拉赫人，非常的奢侈，给大象戴上珠宝——大象！只要是有点钱的人就会养大象！你能想到大象在今天意味着什么吗？在印度都难找了。在伦敦的加冕仪式上，我和妹妹看着一头又一头的大象，就像开在公园大道上的出租车流，一直到天都黑下来了。这一切简直让人筋疲力尽。我当时有点心烦意乱[1]，而且困得要命。

那些印度国王和王后、俄国沙皇和皇后、德国皇帝和皇后……还有玛丽王后和乔治五世国王！玛丽王后那天只出现了几分钟，但是即便在今天我也认得出她，就像我能认得出你一样。当然了，在那之后她统治的很多年里我都住在伦敦。她坐在椅子上的姿势与众不同，加上她的身材比例还有帽子的大小就从来没有改变过，所以你总是一眼就能看到她。帽子，特别是让王后戴帽子——的确是个非常非常好的主意。她的头发向后梳，前面留一点碎发，头上戴一顶无边女帽，让王后看上去会高那么一点点，把脸部露出来。玛丽王后的帽子看上去就像一只蜿鹭鸟的脑袋，有点像某种刷子之类的东西，看上去好像可以拿来作为他用——比如给房子掸灰之类的。

玛丽王后是爱德华七世的儿媳，也是同时代的人。我很喜欢她的站姿——挺拔、挺拔、挺拔，就是这样子。爱德华七世死后，他对英格兰的影响持续了很长时间，就像在阳光下郁郁葱葱的樱桃果园，每个时期的背后都会拖着一条长长的影子。如果你真想知道的话，那就是我的时代。你可能会觉得那是我母亲的时代，但那是我的。一个人

1　原文为法语：bouleversée。

小时候的那段时间才算是这个人的时代。

其实，1914 年我被从法国带来美国的时候，还一句英文都不会说。更糟的是，我都没听过英语。当时我一定是大人们见过的最垂头丧气的小女孩。我先被送到了长岛南安普顿的祖母家，当时是四月份(挺奇怪的季节，但是不管了，也没人告诉我为什么，而现在我也没办法再弄清楚)，之后战争就爆发了，于是我们被困在了那儿，而且当时的我还是没办法说英语。

后来我们家从长岛搬到了东七十九大街上一幢很小的房子里，离公园大道只有一门之隔。我妹妹和她的保姆住一层，我和我的保姆住另外一层。当时我非常喜欢马。我没有玩具娃娃，只有玩具马——我的那些小马玩具放在房间一边的小马厩里。我会遛一遛这些小马，用一种只有自己才懂的语言和它们讲话。现在我已经记不得太多了，我把鸡叫作“乌德罗德尔德斯”，把大象叫作“艾格派蒂”。我整晚都跟它们讲话。糟糕的是我太喜欢那些小马了，我会在夜里爬起来看看它们有没有水喝。然后就会打湿它们鬃毛和尾巴上的胶水，于是房间里总是有胶水的味道，像死鱼的味道。

我祖母在郊外的卡托纳养了一匹很大的农场马，她不怎么用它，所以那匹马只会站在马厩里。吃完午饭我就会跑过去骑在马上。我需要踩着台阶上马，因为马太高大了，接着我整个下午都会坐在马上，开心极了。天热起来之后，苍蝇就嗡嗡地飞来飞去让它烦心……有时候它会用尾巴扫一扫苍蝇，但我还是一直骑在马上。那个时候我想要的就是这个——闻着这匹漂亮的马的热乎乎的味道。我可以告诉你——马的味道比人的好闻多了。

我对马有种天生的直觉。我还记得自己站在七十九街和公园大道的拐角处，然后我会突然说："马、马、马！"——紧接着就会有一匹马从路口出现！当时我已经长大了一点，自然对马的那种执着的情感已经消失了大半，但我还是能闻到拐角另外一边燕麦和干草的味道。因为那个街口的坡度有点陡，好多马在那里滑倒，在冰面上摔折了腿，不得不被拉走射杀，这让我的心都碎了。你也知道，小孩子总是喜欢小题大作。马的死对于我来说是件非常可怕的事——因为除了马之外，我一点都不在乎任何其他东西。别忘了，那时候我的英语还说不好。

当然了，我也一点都不在乎学校。他们把我送到布里尔利学校读书。这是我这辈子总觉得后悔的一件事——简直像是在打仗一样……铃声太讨厌了！铃声响起的时候，除了我以外，所有人都知道要去哪里，但我不知道该问谁。我谁也不认识，什么都不知道——我也不会说话。不过在这个时候，我已经开始蹦出一些单词了。你看，他们不准我说法语。但你总得说话吧，你总得说，"我想要面包"或者"我想要黄油"或者"我想去……洗手间"——但是我不会说！

我还记得当时有位老师叫麦凯弗夫人（Mrs. McKiver），她总对我说，"如果你讲不出，你就不知道。"你应该可以想象这句话对我的影响。

于是我就开始结巴了……他们请了好多位医生来。他们对我母亲说，"达尔泽尔夫人，要么让她说法语，要么说英语，但现在她完全糊涂了。你们得做个决定。"于是他们选了英文，所以现在我的法语才讲得这么糟糕。

我还记得母亲节时，我母亲来到布里尔利学校的情景——你能想象她对这件事有多么在意——她当时穿的衣服我都记得很清楚。她穿了一件艳绿色的粗花呢西服，戴着一顶金色的蒂罗利费多拉呢子帽，帽子上装饰着黑色的羽毛，末端是镀金的，又短又尖——非常尖——她打扮得很夸张。然后，学生们自然就在学校里传开了："黛安娜得了白喉，"或者"黛安娜快死了，她得了霍乱。"我被吓得要死。

相比之下我的父亲更平易近人，也和我们更亲近些。他是我见过的最棒的男人，也是最富有情感的男人——身高六英尺六英寸……老天爷，真是个英国男人！六英尺半。每次他来火车站接我们的时候——当然了，那个时候出门是坐火车的——你可以从大门外等候的人群里一眼就看到他，无论是在伦敦、巴黎还是纽约。他的身上有一种个人魅力，一种幽默感，那是世界上最清新的东西。他是个充满活力的男人，也很帅，活到了九十三岁，头脑什么的都好得很……但是他确实和现代世界一点关联都没有。

我父亲有坡斯特与福来格（Post and Flagg）的股票经纪人账户。我从来不懂股票经纪人做些什么，现在我也不确定自己完全明白。"一战"结束之后他就开始做这个生意，所以我的意思是……钱在哪里？他从来就没有什么钱，从来也没赚过钱，也从来不想钱的事。他这个样子简直让我母亲发疯，她是个美国人，虽然她也很欧洲。她看事情比较现实，大多数女人都是。你知道，女人是很现实的。我的意思是，钱很重要。女人们会在意他们的孩子有没有东西吃。然而丈夫们对此就没那么在意。假设你是我丈夫，你可能会说，“哦，我要出门了，几个星期后回来。我也不太确定要去哪儿。”

反正，我只在布里尔利学校待了三个月，之后他们告诉我母亲：“达尔泽尔夫人，您的女儿……和我们不太一样！”我当然和他们不一样，我在寻找布里尔利学校里没有的东西。

我发现了舞蹈。我被转出布里尔利学校，送进了舞蹈学校，我喜欢极了。那是唯一一所接受我的学校。我和俄国人一起学跳舞——开始是和米哈伊尔·福金（Michel Fokine），少数几个逃出俄国的皇家芭蕾舞大师，之后是和查利夫（Chalif）。

我在纽约的卡耐基音乐厅跳了安娜·巴甫洛娃（Anna Pavlova）的《加沃特》（*Gavotte*）。在纽约的大都会博物馆里，有一尊出自玛尔维娜·霍夫曼（Malvina Hoffman）之手的美丽雕像，表现的就是巴甫洛娃跳的那出《加沃特》。我表演的是一段独舞，在那个巨大的舞台上，这当然算不上什么大事件[1]。别以为我的独舞让整个剧院都轰动了，然后观众起立鼓掌，如水的人潮涌向舞台……——我们都还是查利夫的学生。但是《加沃特》非常美。我还记得自己穿着一件芭蕾舞裙，戴着一顶高高的阔边女帽出场。舞台上只有我一个人，我紧张得要命。我只是想要感受演绎《加沃特》的快乐——但意识到大家都在看我，所以整个表演期间我都很受煎熬，只有很年轻的人才会受这个苦，引人瞩目的苦。

1　原文为法语：grand' chose。

他们也教我跳《天鹅之死》（*The Dying Swan*），那是一段很不寻常的舞蹈，因为那个美丽的生命死亡时的颤动。你的腿要用一种极致的姿势伸出去，伸出去，伸出去，然后头要低下来，低下来，低下来。你的身体在抖动，在颤动，是死亡的痉挛……噢，简直太美了！那是美的东西离开世界的样子……当然，这是对一个年轻女孩最好的教育，因为我得给自己解释明白。

曾经有人告诉我，巴甫洛娃是在南安普顿目睹一只天鹅死去之后，学会了《天鹅之死》。我后来才知道，巴甫洛娃是在《天鹅之死》的编舞完成后才来的美国。不过这是个好故事，我有可能相信它是真的。夏天天气好的时候，我就会去南安普顿的海滩。如果因为下雨不能去海滩，我就会绕着湖散步，在湖边看天鹅，看上好几个小时。天鹅实在是太美了！当然了，它们是一种容易生气的鸟类，就像孔雀一样。但是孔雀太普通，天鹅却一点都不寻常。它们安安静静地划水……你听不到，但你能感觉到。我听到的只是雨的声音，但是我能闻得出来，内陆的雨水和海滩的海水一样有盐的味道。

1917 年的一天，和往常一样，我和妹妹在海滩上玩，但接着我们就被叫回家去睡觉了。就在那个晚上，南安普顿爆发了小儿麻痹症疫情。海滩上将会爆发一场流行病！于是，当天晚上，我和妹妹在半夜里被叫起来，穿好衣服，和我妈妈的法国女佣一起——我也不知道为什么不带个会说英语的女佣——坐了 8 个小时的汽车到了宾夕法尼亚车站，从那里坐上了开往怀俄明州科迪（Cody）的火车，也别问我他们为什么选了科迪。我猜是我母亲之前听说过那里，可能觉得它听上去既遥远又浪漫。但我们没能去成科迪。火车只开到蒙大拿州的巴特（Butte），四周都是发出巨大噪声的铜矿，那里发生了铁路罢工，于是我们就被困在了那里。

相信我，那个时候的西部还是西部。当晚我们被要求上床睡觉——当然了，就在隔壁的房间，那个法国女佣的歇斯底里症发作了，我和妹妹并不太清楚她怎么了——我们坐在窗前，我妹妹坐在枕头上，我们一起向窗外看。所有人都喝醉了，男人们喊着，“跳起来啊，跳啊，跳啊！”接着向地面开枪，然后转圈跳舞，接着再喊，“跳起来啊，跳啊，跳啊！”最棒的是他们真的会跳起来，然后对着帽子开枪……但是有时会失手。接着男人们就倒在地上——死了。

别认为我们当时一定吓坏了，那一切对于我们来说都太奇怪了。那是一个我们还一无所知的世界，所以那场面并没有给我们造成太大的影响。直到今天，看到任何奇怪的事……我通常都能这样想，对于自己来说应该算是个正面的经历，就这样让它过去吧。

最后我们终于到了科迪，在那里和我母亲汇合。科迪是一片荒野，和我们在一起的是熊、驼鹿、麋鹿，还有……老天爷，真是太荒凉了！我记得那些形单影只的人，荒凉的土地……我真是受不了那些牛仔孤独的样子，我一点都不觉得牛仔浪漫。对于我来说，他们只是一些孤独的、寻常的男人，在火堆边唱着悲伤的歌……这样说可能有点过分，但这就是我对他们的看法。

不过我们的确见到了野牛比尔（Buffalo Bill）[1]——他挺有魅力的。科迪那个地方就是以他的名字命名的，如果你曾经住在科迪，就会知道科迪上校——野牛比尔。他说到底其实就是个演员，但是这个老家伙非常时髦！他留的胡子让他看上去很像爱德华七世，他还穿嬉皮士在 1960 年代穿的那种流苏皮衣。我们见到他的时候，他已经被欧洲皇室接见过，全身披挂着各种荣誉、流苏，戴着长手套和宽边帽。然而对于我们来说，他只是一位爱德华时代的绅士，恰好待在怀俄明州，就像我们当时恰好出现在那里一样。

我们和他一起待了很长的时间，一直待到开学之后很久。他的马骑得很漂亮，而且对我们很好，他送了我们几匹印第安小马，我们都喜欢极了。

我母亲的马，还有我和妹妹的两匹小马……是我当时在美国西部拥有的一切……还有老比尔。最后一次见他，是他来为我们回纽约送行。我还记得自己站在火车的最后面，向他挥着手，泪流满面……

在怀俄明州我感到非常孤独。但是我觉得人在年轻的时候，还是应当多和自己还有自己的痛苦相处。然后有一天，你走出来了，阳光和煦，鸟语花香，一切就都好了。

回到纽约后，一切就都好了。我返回舞蹈学校上课，不再关心其他任何事情。从那时开始，我只关心动作、节奏、情绪以及训练，就是福金教的那些。

1　Buffalo Bill 全名是 William Frederick “Buffalo Bill” Cody。

他真是毫不留情。他会叫你站在把杆前，把手上的苔杖伸到你的腿下……如果腿抬得不够高，他就会——啪！有一天他弄伤了我的韧带，结果我只好架着腿在床上躺了八个星期。这在他自己的人生当中不算什么，但他教会了我，人需要对自我有要求，而且他的教导这一辈子都留在我的骨子里——永远都在！

我说的是严格的要求，加把劲，努力向上、向前！……不过，我最梦寐以求的还是回到家之后不需要去想任何事情，毕竟你的脑袋总不能一直想事情。如果你这辈子每天都在想事情，还不如今天就自我了结，明天还能开心一些。我很小的时候就学会了这个道理。喜欢上舞蹈之后，我就学会了做梦。

第四章

日本！我到达 8 世纪时日本的首都——京都的时候，这对于我来说的确就像一场梦境变成了现实。在那些松柏树下，我感受到了在我之前的生命中从没感受过的，过去几个世纪里的一些东西。那里所有的旧东西都被保存得那么美丽。然而京都的节奏并不慢——所有人都穿圣罗兰牌衬衫，骑摩托车。最不寻常的就是那里现代与古老融合的方式。说到底还是融合，没有开始，没有结束——只有延续。

上帝对日本人是公平的。上帝没有给日本人石油，没给煤矿，没给钻石，没给黄金，没给自然资源——什么都没给！那个小岛上没有任何东西能让一个文明延续下去。上帝给日本人的是一种对风格的感觉——一个世纪接着一个世纪，通过日本人辛劳的工作和坚定的耐心保留了下来。

我看到那些见习艺妓（Meiki）撑着漂亮的伞，走在绿苔点缀的街道上，在雨夜行走在美丽的柳树下，膝盖微微的弯着……你知道见习艺妓是做什么的吗？她们是接受训练预备成为艺妓的女孩子。在你了解她们的区别之前，可能会认为艺妓和见习艺妓一样会打扮得很夸张。但是艺妓的装束是非常柔和的，包括头发、衣服和其他一切都非常精细。而见习艺妓的装扮则是非常夸张的——腰带非常宽，裙子里面是垫起来的，非常宽，背上的装饰也很夸张；化的妆，脸非常白，嘴非常红……

这灵感一定是来源于夸张。

对于我来说这是个非常严肃的话题。在这件事上我想过很多。我很喜欢衣服，也很喜欢化妆。我喜欢与它们相关的那些步骤——让人感到充满活力，无论是我早上起床之后或是晚上出门之前，它们都会带给我很多的乐趣。

我很喜欢打扮自己，一直都很喜欢。我还记得自己十三四岁时，从唐人街买来红漆涂指甲的事。

“那是什么？”我母亲问，“从哪儿弄来的？为什么要弄这个？”

“因为，”我说，“我想当中国的公主。”

于是我涂着红红的指甲到处闲逛——你可以想象在布里尔利学校

这是件多么轰动的事。

然后……几年之后我开始出去参加派对，我又发现了颜料粉。如果那天我要出门——几乎每个晚上我都出去——在男伴来接我的两个半小时前，我就会拿出那一大桶颜料粉（牌子我忘了，但是是舞台演员用的东西）——还有一块海绵……接着我就开始把自己腰部以上的部分都涂满颜料粉，沿着手臂、后背、脖子后面和前面，等等，等等。我只能自己涂，因为家人对我的做法没有兴趣。然后，我和我的舞伴就出去跳舞，然后他的黑色晚宴服，包括他自己在内，都会被染成白色，但是他必须得接受这个。我才不在乎——我看上去就像一朵百合花！

1923 年，在我的社交亮相派对上……我也把自己涂白了！涂得简直比白色还要白。当然了，我的裙子也是白色的。此外还有红色，漆红色的天鹅绒便鞋，还有我头上戴的红色山茶花。在那个时候人人都送花，我收到了大约有五十束花。其中一大束红色山茶花来自当时的一个著名艺人：J. 林灵 · 诺斯(J. Ringling North)[1]。“马戏团的人……你究竟是在哪儿认识他们的？”我母亲想知道。我告诉她，出于某些原因，J. 林灵 · 诺斯对我很着迷，所以送了红色的山茶花来。

我母亲不同意。“你知道吗，”她说，“红色山茶花是 19 世纪的妓女戴的，当她们来了月经，没法陪男人的时候会戴。我觉得有点不太……妥当。”

1　林灵七兄弟之一；兄弟七人拥有 19 世纪末 20 世纪初时美国最大的马戏团。

但我还是继续戴着山茶花，那些花真漂亮。我只好假装来参加聚会的客人里面没有人知道我母亲知道的事。

同样，我也怀疑我母亲觉得我的裙子不太妥当，但是她拿我没有什么办法。那条裙子抄袭了波烈的设计——带有流苏的白缎短裙，为它增添一点动感[1]。还有一件镶着钻石和珍珠的胸兜，用来束住流苏。看上去就像热带岛屿的裙子——呼啦舞裙。

我真的很怀念流苏的年代！今天的流苏都去哪儿了呢？1920 年代的时候流苏还在——1960 年代的时候也在——因为人们跳舞……还有音乐！我这辈子已经经历了两个伟大的时代，1920 年代和 1960 年代，因为音乐的不同我总是在比较这两个年代。音乐就是一切，在那两个年代里，有那么多新鲜的、你之前从没听过的音乐……

探戈！探戈基本上就和华尔兹一样——你一直在地板上走四方形——但是比华尔兹更有风格。你需要固定身体的姿态，还有头部的姿势……别忘了踏出步子时你需要用多大的力量，而且你必须得有一个很棒的舞伴。探戈非常迷人，完全是南美洲的舞蹈。如果有一天南美洲获得了话语权，我们就会发现其实它早已经给我们的文化带来了一些东西。

一个自视高雅的人可能会说，“探戈，老天爷——那算是文化吗？”

十七岁的时候，我见识了什么是自视高雅的人。我也知道那些自

1　原文为法语：un peu de mouvement。

视高雅的年轻人没有机会拿到我的电话号码。我和墨西哥或者阿根廷的舞男相处得更好（他们其实不是舞男——只不过是镇上那些和我一样喜欢跳舞的傻小子）。他们只是一些普通人，他们都知道我喜欢衣服，喜欢某种夜间的生活方式，也很喜欢跳探戈。

当然了，在纽约——这是一件无法被理解的事。

他们觉得我太快了。殖民地俱乐部就在我们这条街的对面。几年前的一个下午，我和安迪·沃霍尔（Andy Warhol）[1]走在街上。我说，“安迪，看那边。那里有个非常挑剔的女子俱乐部。”

安迪问，“女子俱乐部？做什么的？”

我说，“哦，我也不太清楚。我母亲和祖母都希望我加入，但是我被她们拒绝了，我没能进去。”

“为什么？”

“他们觉得我太快了。”

“太快！天呐。她们不让你进就因为你太快了？那里面到底是做什么的？”那是我第一次见安迪因为什么事情这样兴奋。

我说，“她们在里面做头发，口述一些信件，一起吃午餐。很不错……但是我不是她们的会员。”

我从来不觉得被拒绝了有什么，但我母亲很失望。我祖母是俱乐部的创始人之一。但是我自己还是更想去城里的夜总会——这样就不会撞见父母——而且还能做我最喜欢的事——跳舞。

1　安迪·沃霍尔（Andy Warhol，1928—1987），美国艺术家、导演和制片人，波普艺术运动的领军人物。

我母亲也不是容易让别人理解的人，她的浮夸是相当让人厌恶的。周围的窃窃私语不绝于耳："看啊，她的妆画得多夸张。"她在那个时候的打扮很夸张，但是男人们对她非常着迷。当时有很多的传闻，因为她总是会和某个人传出点什么。她曾经和一个很帅气的叫萨迪 - 贝（Sadi-Bey）的土耳其人一起旅行。他常穿西装外套或晚宴礼服，戴一顶红色土耳其毡帽，确实非常迷人。通常我们只会在晚上见到他，他来的时候穿着晚宴礼服，头上戴着土耳其毡帽，流苏从后面垂下来。我们觉得他是最时髦的人。虽然我们家里没有通常所说的那种举案齐眉的家庭关系，但我的父母忠诚于彼此。他们的婚姻是非常老式的。一小段像萨迪 - 贝或者其他人这样的小插曲——不算什么。

我还记得，凡是我妈妈选中的司机或男佣，都对她很着迷——他们得有一副对她神魂颠倒的样子。每个人都必须要如此表现，否则她就不会对他感兴趣。我还记得有次我对她说了不太寻常的话："你指望大街上每个马车夫都爱上你！你到底是怎么了？你就没有不发春的时候吗？"

但是她需要舞台，时常展现自己。她甚至会和我的几任男朋友调情，偶尔会有那么一位为她倾倒。她当时非常年轻、漂亮、有趣、风情万种又引人注目。我很高兴自己的成长背景里有这些存在——我现在是这样认为的。但是我活了很久才得出了这个结论。

在我的记忆里，她总是很生动，很深情，也很孤独。我认为她总是活在一种巨大的恐惧下，她甚至连佣人都害怕——她总是害怕有什么东西会扰乱什么其他的东西。她本人只是为了追求兴奋的感觉而活着。她在 52 岁的时候去世，我想是因为她觉得再找不到什么让她感兴趣的东西了。

对于她的风情万种，我父亲更多的是觉得挺有趣味——这都是生活场景的一部分。调情是生活的一部分，是社会的一部分——如果一个人没有一点点的放纵，那他将何去何从呢？我想我父亲是意识到了这一点，他对我母亲忠心耿耿。她一直被保护在一个强壮男人的臂弯里，这个男人照料着她的一切，因为他知道她并不坚强。

我其实更坚强些——意志更强，个性也更强一些——但是我当时还没有意识到。我只知道我母亲并不以我为荣，我永远是她那只难看的小怪物。

我对自己的长相从没感到自在过，直到我嫁给了里德 · 弗里兰（Reed Vreeland）。

他是我见过的最帅的男人。他很安静，非常优雅，这一切我都爱。我觉得只是那么看着他都是一桩美事。

我在独立日（7 月 4 日）的周末派对上遇见了他，那是 1924 年，在萨拉托加（Saratoga）。我相信一见钟情，因为我当时就是一见钟情。当我们的目光相触碰的那一刻我就知道，我会嫁给他。

我就是这么觉得——事实证明我是对的。就像他们说的，我们成为了朋友。当时他是罗伯特 · 普鲁因（Robert Pruyne）的银行学徒，在纽约州奥尔巴尼工作。

有一天，差不多是在我们婚礼举行的前十天，我正在和几个朋友一起吃午餐，电话铃响了，我被叫出去接电话。

是一个女人的声音。“请问是黛安娜·达尔泽尔吗？”她问，“我是一个报社记者。我在很多聚会上见到过你，一直都非常仰慕你。你和其他女孩不一样，你很有自己的风格，你有那么美好的前途，正因为这样，我才不想看到你受到伤害。”

我完全想象不出来她想要说什么。但是那个女人继续讲了下去，“我得告诉你，你的母亲受到了指控，成为一桩离婚诉讼案里的共同被告。所有的报纸都会对此大肆报道的。”

我听了那个女人讲的一切，感谢了她，然后回去吃完了我的午餐。我自然没有对和我一起吃午餐的人提一个字。但是午餐结束后，我立刻给家里打了电话，发现我母亲已经带狗出门去中央公园散步去了。小时候我总是很不喜欢中央公园。那里没有秘密，也没有风情。但我叫了一辆计程车直接去了森林步道，我知道她常去那里——想象一下，要是你今天去中央公园里找个人会是什么情景——看到我家的车子和司机之后，我停了下来。

我下了车，绕到小山后面，看到她坐在阳光里，我们养的一只可爱的小西高地犬卧在她腿上，另外一只在绕着她跑来跑去。她正笑着和它们讲话。我在她身边坐了下来，把我听到的原原本本都告诉了她。

我当时什么感觉都没有，这同时也是她对我的回答——她什么都没说。她个子比我小很多。她安静了一会儿，然后说道，“我觉得我们该回去了。你说呢？”

接下来两三天我都没见到她。我为她感到很难过。

“那些关于你母亲的传闻，”我的父亲后来对我说，“都不是真的。

你不要理会它们就好了。”流言蜚语对我父亲的影响基本上和对我母亲的影响差不多。爸爸有种很健康的英国做派：他能克服所有事情。“在大海上还有更糟糕的事情发生呢。”这就是他的伟大论断，用来总结任何不愉快的事情。

我的家庭生活继续着，那件事就这么结束了。我们就是这样的家庭——非常英国，只会流露一点点很不容易看到的情感。

我没看报纸，但是报道还是出来了，显而易见确有其事。我后来听说，那个男人是个大人物，军火商，名叫查尔斯 · 罗斯爵士（Sir Charles Ross）——罗斯来福枪——他曾经在伦敦、苏格兰和非洲住过。报纸上的故事里充斥着军火、令人激动兴奋的传闻、大象，还有在印度和非洲的旅行……等等。非常戏剧化，那些新闻每天都在刊登。

然而我当时的兴趣只在结婚这件事上。婚礼那天早上，我去看我的教母贝贝 · 贝尔 · 亨尼韦尔（Baby Belle Hunnewell），她嫁给了波士顿的霍利斯 · 亨尼韦尔（Hollis Hunnewell）[1]。我去看她，因为她不能来教堂看我，所以我就去了。她还躺在床上，看上去漂亮极了。她的皮肤好像比别人都薄一层，有种与众不同的颜色，在白色下面有一点点的粉红色。在那个年代自然没有人晒日光浴。她漂亮得无法用语言形容。她喜欢躺在床上喝金酒。当时她的身体不太好，但她完全不在乎——她当时正享受一段非常美好的时光。她在纽约租了两个房间——她住厌了波士顿——把一间大客厅改成了卧室，在床角拴了一

1　霍雷肖 · 霍利斯 · 亨尼维尔（Horatio Hollis Hunnewell,1810—1902），铁路金融家，慈善家，业余植物学家，也是 19 世纪美国最杰出的园艺家之一。

大束气球。她的睡袍是我见过最美的。睡袍是用白色的亚麻手帕布缝制的，缀着黑色的蕾丝，中间串着粉色的缎带。她躺在床上，穿着她那些漂亮睡袍当中的一件，然后就是在那一回，我第一次注意到在她的左边胸口有一处文身：一只黑色的小铃铛。然后我说，“宝贝 · 贝尔，我以前从没见过这个。”

“哦，我的东西上面都会有一个小铃铛[1]。”

那就是我结婚那天发生的事。我穿着最漂亮的结婚礼服，我肯定把它保存在什么地方了——应该捐给博物馆了。那个时期的新娘都很庸俗浮夸，但我的结婚礼服拥有一条笔直的线条，领口也很高——非常中世纪[2]。头上和脸旁边都围绕着蕾丝，礼服的拖尾上缀着钻石[3]和珍珠……

到了圣托马斯教堂之后，我父亲迎上来对我说，“没有太多人来，你会觉得教堂有点……空旷。”

说空旷还不太准确——准确地说教堂里空空如也。他们跟我说，结婚邀请函一张都没送出去，都被不小心扔掉了。也或者是因为报纸上刊登了丑闻的关系，他们于是干脆没有宣布我们结婚的消息。

就因为这个，直到今天我都不相信媒体自由。唯一获得了我认可的媒体是伦敦的《泰晤士报》（*The Times*），当他们在头版刊登金丝雀广告的时候。

---

1 贝尔（Bell）意为铃铛。
2 原文为法语：moyen âge。
3 原文为法语：diamanté。

不过这件事当时对我的影响和今天它对你的影响差不多。我当时只是一心想要嫁给里德 · 弗里兰，任何事情都无法影响到我的快乐。我是那么开心。那个时候的我，非常年轻——方方面面都很年轻——嫁给了一个比我老一点的男人。他当时二十五岁，但对于我来说，他就是个比我老一点的男人，嫁给他是一项成就。

对我来说他有种奇妙的魅力，而且他一直保留着这种魅力。我们结婚四十多年了，在他面前我仍然感到有点害羞，这难道不奇怪吗？我还记得他晚上回到家——他关门的方式，还有他的脚步声……如果我当时在浴室或在卧室梳妆打扮，我总会让自己打起精神来，我对自己说，“必须要拿出最好的状态。”每次我都是这样的反应，从来——没有变过。

他的迷人之处在于，即便是在他去世的时候，他看上去仍然是我嫁给他那天的样子。他的举手投足，他的魅力，我们之间的那些化学反应……他仍然是个年轻男人的样子。他从来没有老过，从没被年龄打败过——从来没有。

这也就是为什么我受不了上了年纪的人。我从没对任何比我大的人产生过任何念头，因为我从来没爱上过任何一个老男人——除了我的那个老男人之外。

当然了，你能从比你老的人身上学到所有的东西。结婚之后，我和里德搬到了奥尔巴尼，他在那里接受银行业务的培训，在那边所有的人都比我们老一些。那个小镇上的皇后是露露 · 凡 · 伦塞勒（Lulu Van Rensselaer），她嫁给了路易斯 · 凡 · 伦塞勒（Louis Van

Rensselaer)，他可是史上最有魅力的人。我和里德当时就像两个在花园里玩耍的小孩子，然而他们会邀请我们去共进晚餐，就在州街小山上的那栋大房子里，房子是斯坦福·怀特(Stanford White)[1]设计的。

有天晚上，我们去露露·凡·伦塞勒的家里吃晚餐，两位非常著名的哈佛教授也在。在晚餐桌上，话题转到了莎士比亚。终于，其中一位教授问道："可以问一下吗？凡·伦塞勒夫人，为什么你要坚持把'克利奥帕特拉（Cleopatra）'念成'克利奥普特拉（Cleoptra）'？当然应该念成'克利奥帕特拉'[2]。"凡·伦塞勒夫人从椅子上站起来大声说道："我把她的名字念成'克利奥普特拉'，因为这才是对的。"这本可以成为任何谈话的终结句式，但她还是继续说道，"不过，你显然并不相信，我得给我的老朋友，哈佛大学的罗威尔（Lowell）[3]校长写封信，他当然一定会给出最终的决断。从今天开始算，两周之后——我需要时间写信给校长，也要给他时间写回信——我们再来吃晚饭，还是完全同样的这一桌人。到时候我会把罗威尔校长的回信念给你们听。"

于是两周之后我们又去吃了一次晚餐。露露盛装打扮，以胜利者的姿态，像一队大型舰队驶入港口一般走进房间欢迎我们。我们在晚餐桌旁坐下后，她伸手从胸口里取出——她的胸部非常大，那里面装

1　斯坦福·怀特（Stanford White，1853—1906）美国建筑师，设计了许多富人的房子，以及众多的公共机构建筑和宗教建筑。

2　克利奥帕特拉七世（约公元前 70 年—约公元前 30 年），埃及女法老，"埃及艳后"。

3　阿伯特·劳伦斯·罗威尔（Abbott Lwrence Lowell），1909—1933 年间任哈佛大学校长。

得下任何东西——那封哈佛大学校长的回信，接着她开始念给我们听。

“我最亲爱的路易莎，你是非常正确的，‘克利奥帕特拉’应当念成‘克利奥普特拉’。收到你的来信多有趣。向你致以我最好的敬意……”等等等等——接着她把信折好，塞回到她巨大胸部的乳沟里。当然了，我们都没能亲眼看一看那封信，任何人也不会想要把那封信从她的乳沟里翻出来，可能一切都是她编出来的。她有些让人害怕，当然哈佛大学的教授们没有对此提出任何抗议，他们都很害羞，甚至是腼腆——如果谈话当中再次出现克利奥帕特拉，我绝对不意外两位教授都会开始念成“克利奥普特拉”！

我们住的房子是凡·伦塞勒夫人的，是她宅邸后街的一处马厩。马厩的每一扇门都被漆成了不同颜色。我们的门是红色的，房前窗台上可爱的小木箱里种着蓝色的绣球花。在那个时候，阿尔巴尼还是个漂亮的荷兰小镇——有种很棒的风格！就像荷兰人的厨房一样干净，还没有变成后来的那种庸俗的政治城市。我很喜欢那里——那里有好的食物，好的家政服务，打过蜡的地板，抛光的铜器，还有佣人……我的第一个儿子——蒂米（Timmy）就是在那里出生的，那个时候的我非常非常居家。

别以为我一直以来都是你现在看到的样子，也别以为我开始工作之前和现在是同一个我。我从一生下来就很懒散。住在阿尔巴尼的那段日子，我会穿着防水斗篷，头上戴一顶巴斯克贝雷帽[1]，画着很夸张

1 原文为法语：béret basque。

的妆——我总是画着很浓的日本歌舞伎那样的妆。会招来一些人的评头论足，但露露·凡·伦塞勒却很喜欢。我喜欢在那里度过的那段时光。我非常快乐，我也不在乎其他地方是什么样子的。如果不是里德想要搬去伦敦，我想我还会待在那里。只有里德想搬家的时候，我才会搬家。

我什么事也没有——一丁点儿都没有。

我也从来没想过要做什么。

我那时候就像个日本妻子。我去日本的时候，意识到有一天在那里将会发生一场了不起的女性革命，因为日本女人在那个时候要做的就是照顾家庭。但是日本人的家，就像我在阿尔巴尼住的那间小马厩一样，五分钟就可以打扫干净，所以需要做的事很少。当然了，还有那些插花之类的，但是当丈夫早上离开之后，妻子就没事可做了。他先是工作一整天，之后就去艺妓馆，就和去俱乐部一样。他在那里和亲密的朋友谈谈生意，女孩子们则取悦他们。那些艺妓没有眼睛，没有耳朵，什么都不知道，什么都看不见……这就是艺妓。不是性服务，你明白吧——是种完全不同的东西。但是男人们回到家之后，他们的一天才结束，妻子们没有事情做——一丁点儿事都没有。

我去京都的时候，是商会邀请的客人，所以每天晚上我都会跟男人们一起吃晚饭。总会在一个小酒馆里，总是要坐在草垫子上，对于我来说这很容易。艺妓们走进来，向所有的男人鞠躬，接着她们像蝴蝶一样满屋飞舞，然后跪坐下来。她们的动作非常慢——也非常安静。她们也会笑，也会讲话，但是你不知道她们在说什么，因为，无论她们说什么，她们的声音和表情都充满了魅力。

然后……晚餐一旦结束，她们就会离开男人，围在我周围。我会问她们关于化妆的问题——当然是通过翻译问的——我对她们卸妆之后的皮肤非常好奇，因为她们整天都化着厚厚的浓妆。我问她们用什么化妆品，从哪儿买来——实话告诉你，大多数人用的是露华浓(Revlon)。但重点是她们是那么地有魅力，那么有趣——不仅仅是对那些男人来说，对我也是。

“为什么我觉得这些女孩子们这么吸引人呢？”我问其中一个男人。

“因为，”他说，“当她们在 9 岁刚刚开始学习成为艺妓的时候，学到的第一件事就是，你也要对其他的女人具有吸引力。”

我认为这是西方世界可以学习的东西，全世界的女孩都应该接受艺妓培训。

我知道自己在说什么，完全知道。老天爷，我从阿尔巴尼搬到伦敦之后，就认识了很多非常棒的英国朋友。那些英国女人对英国男人的呵护，真是谁家的小婴儿都没享受过的待遇。但是另一方面，她们也会紧跟在自己的丈夫屁股后面。所以，好家伙，我看到了一些发生在身边的事情！当然了，我有个比大多数女人的丈夫都有魅力的丈夫。他是那种比较稳重的人，但她们不是，我自然认为这是一件值得高兴的事……当然是在一定程度之内。

关键是，英国女人都挺狠心的，可是日本艺妓们一点都不冷酷。在艺妓们的内部是非常安全的——这点挺不寻常的，对吧？

但是那些日本的妻子们……如果你读过过去几个世纪里的那些日本书《源氏物语》《枕草子》——就会联想起住在那些漂亮院子里面的女人们，那里有装饰着交叉木格的门廊，还有就像日本平安时代[1]的画里面的女人，她们的发髻上插着竹簪，置身于日本的某处。那些女人们都很闲懒，有仆人专门照顾她们穿衣、戴假发、化妆，帮她们研磨好扑在脸上的白粉——所有的一切。一切都有人帮她们做好了。

你没法拿其他任何国家的人去和日本人比。人们常常拿中国人去和日本人比较；你知道，中国人是伟大的哲学家、天文学家、占星家、药剂师——他们无处不在！他们“发明”了冰激凌、焰火、意大利面、通心粉、面条、巴儿狗、狮子狗——所有的一切。但这些东西都是我们可以完全理解的。而日本人，比如切腹，我们就完全没办法理解，但这对于日本人来说就像抽根香烟一样寻常。

日本人做的所有事情都很极致，想一想相扑手。我在日本的时候，他们在京都郊外一处很大的西洋房子里为我办了一个派对。当晚的高潮环节是让我打开一个像你个子一样高的红色锦缎盒。我完全想象不出里面会有什么。他们领我到前面去，叫我打开盒子的镶板门。老天爷！结果从里面走出来两个相扑手！他们两个都穿着兜裆布，布料很少，特别是后面。他俩看上去威武极了。那么惊人！然而他们可并不享受就这样被所有人看着，我完全站在他们那一边。我为那两个男孩子感到难过……我是说，他们怎么会愿意像展品一样被大家这样

1　平安时代（Heian Period），公元 794 年到 1185 年。

围观？相扑手们都非常骄傲，代表着日本悠久的历史和传统，是国家的瑰宝。可他俩却被塞进一个大盒子里，在黑暗中等待着，天知道要等多久，等着我过去把盒子打开，他们才能出来——大大的惊喜！好吧，确实是个惊喜。不管怎样，我是个西方人，是他们眼中的异教徒，把两个相扑手藏在盒子里是为了给我惊喜，像藏在盒子里的一双鞋子。和你说吧，他们可不是鞋子。当时我佯装那是件稀松平常的事，我露出了一个大大的笑容——就像认识新朋友很开心的那种笑容，然后我走过去和他们两个握了手。我当然没有像对待毛绒玩具那样对待他们。他们当时的确是有点恼火，因为他们是活生生的人。我很想知道他们都吃些什么，因为他们的皮肤那么好——像杏色的瓷器，从九岁开始，他们就开始吃那样的食物了，一碗接着一碗，都是最纯粹的健康食物。一天吃三顿。

接下来说一说歌舞伎剧院——那种代代沿袭的极致，又是另外一番样子。事实上，那些只是本能的表演，一些最微小的动作。但是它一定具有强大的力量，因为自 8 世纪以来就一直是这个样子的。

我在日本时，见到了歌舞伎剧院中的新星——一个看上去应该只有 20 岁的男孩——在舞台的光影里跳舞，他的表演真是精彩绝伦。歌舞伎的表演程序我很熟悉，因为我一直对这种表演非常入迷。然而当我亲眼看到那个名叫坂东玉三郎（Tamasaburo Bando）[1] 的男孩子的时候，就好像自己从没看过歌舞伎表演一样——向前走、向后退，向

1　坂东玉三郎（Tamasaburo Bando，1950—）日本歌舞伎演员，在日本被称作“国宝级大师”。

前走、向后退，向前走、向后退，观众也跟着向前、向后，向前、向后……接着突然之间，手腕一转，他展开了一把扇子。我震惊得目瞪口呆。

他让这种艺术看上去是轻而易举的，然而其实一点都不简单，这需要绝佳的肌肉控制——非常精妙地把紧张和松弛结合在一起——还需要具备极好的力量。

你明白吧，他演的是一个女人——就像大家知道的，所有演员都是男人。但这个男孩身上的那种精致的感觉……都在他的眼睛上，比春天里开放的第一朵花还要纤弱。我和你说，如果我有女儿，一定会送到他那里，学习如何成为一个女人。

在 1929 年经济大萧条之前，我们离开纽约阿尔巴尼去了伦敦，搬进了汉诺威那栋可爱的房子里。如果你和我们一样，住在欧洲以外，就会发现自己总是在搬家，欧洲大陆的荣耀即将到来。

你有没有在博物馆听过我录制的语音导览？我的朋友们一个都没听过。他们从不看我的展览，“啊，黛安娜，你的展览真是太棒了……太精彩了。”谈话到此结束。对于我来说，语音导览非常重要，因为如果不从展览中学到点什么的话，看展览的意义何在？所以你才要花钱听我讲话，而且那些语音导览并不差。但是有天我也戴上一支开始听，我听到自己一直在讲突尼斯。突尼斯——太荒诞了！我为什么要讲这个？我怎么就不能闭嘴呢？大概是因为当我和里德搬去欧洲之后，好像总是会去那些法属殖民地旅行。

我们很少去法国南部旅行。我们从没去过那些时髦的水上城市[1]。你可以和其他一些我这个年纪的人坐下来聊一聊，他们可能会给你讲一讲多维尔或蒙特卡洛，或者讲一讲……他们和西班牙国王一起吃饭的事！这些事情我们都没做过。我们会去北非，或者去巴伐利亚，或者匈牙利。我们只去那些空气芬芳、生活轻松的地方。我们的旅行是相当奢侈的，坐在我们那辆漂亮的布加迪汽车里，带着我们那个特别棒的司机和我从伦敦带过来的女佣，旅行当中从来没有出过任何问题。

当然，我们也曾错过一些东西。在阿方索八世（Alfonso XIII）执政期间，我们就从没去过西班牙，老天爷啊，他们邀请过我们。好多年之后，西班牙的朋友们还和我说，“黛安娜，你总是错过时机，真的应该在阿方索当国王的时候来西班牙，这样你才算见过真正的西班牙。”

阿方索——那位英俊而又不可思议的波旁皇族！我见过他——只有一次——是在伦敦，在他被流放之前。他是我见过的最令人激动的人。没人能和西班牙国王相比。你知道，他是唯一一个生下来就当

1　原文为法语：villes d’ eau。

上了西班牙国王的人——他父亲去世之后他才出生的。西班牙国王是……呃……西班牙国王……这个帅气、伟大的男人。他有一只西班牙波旁皇族的鼻子，还有那张向前突出的嘴巴。他的小胡子很精彩，头发又黑又密；他也有一点儿忧郁，喜欢狗、马、男人、女人……你想象不出这世上有什么东西他不喜欢。想想看他在世最后几年的样子。你知道吗？在罗马的大街上，甚至没有人愿意走在他走的那边。他们觉得他有霉运，有恶眼。

阿方索娶了维多利亚·尤金妮亚（Victoria Eugenia）——巴腾堡的“安娜”，维多利亚女王的孙女，欧仁妮皇后（Empress Eugénie）的教女，她真是个风华绝代的时髦女人。她把血友病带到了这个家族，他们的儿子——除了一个之外——一出生就带有某种可怕的生理缺陷，要么聋，要么傻，还有畸形足——什么毛病都有。

君主政体终结，内战开始后，阿方索必须离开。他像一只旧鞋子似的被丢了出去。他是坐战舰离开的，就像爱德华八世（Edward VIII）退位离开英国时一样。

有一天，我和里德开车穿过法国南部前往马赛。我们先到了诺阿耶酒店（Hôtel de Noailles），打算先在那里住上一晚，准备第二天早上乘船去突尼斯的西迪·布塞（Sidi Bou Saïd）。当天晚上，我们安排了和警察局长一起去马赛的红灯区转一转。那将会是一个非常有趣的夜晚。

在房间安顿好之后，里德下楼查看我们当晚的安排，我在房间里睡着了。我听到房间外有吵吵嚷嚷的声音，但当时我太困，没有多想。

后来里德从楼下打来一个电话，“听我说，”他说，“无论怎样都不要下楼，等我上去。”

之后我们一起下楼的时候，他跟我说，“现在我要告诉你了，西班牙国王今天早上乘战舰抵达了，和他一起的还有——”

他还没说完，我就都看到了。整个西班牙宫廷里的人都来了。整个皇室都被一脚踢出了西班牙，他们现在所有人都到了诺阿耶酒店。在大堂里，我看到了躺在担架上的小王子和小公主，打着石膏的，坐在轮椅上的，他们当中大多数都是有残疾的，还有大一点的孩子。上了年纪的女佣抱着篮子，在大厅里漫无目的地游荡……可能一个皇室家庭里所有的成员都在那儿，就像你清空了整个阁楼里的东西。他们都被安排了房间，一切都安排好了。他们看上去不像难民，然而他们的余生过得就和难民一样。

于是我们离开了那些皇室成员，经过这个让人觉得不可思议的场合之后，继续我们当晚的夜游计划……进入了另外一个完全不同的世界。

那时一共有五个人——我和里德，凯蒂（Kitty）和佩里·布朗洛（Perry Brownlow），他们要和我们一道去突尼斯，此外还有警察局长。

“我希望你们明白，”局长说，“五个礼拜之前，英国领事做了同样的事情，也就是在我们城市的红灯区游逛的时候失踪了——到现在还没任何消息。你们现在还要去吗？”

那还用问。我们才不在乎呢。

“要去，”我回答。

于是我们就出发了。我们穿过了一条漆黑的小巷，有几个逃犯模样的人斜靠在小巷的墙上，你只能通过燃烧的烟头看到他们——他们的身体都隐藏在阴影里。穿过那条小巷，我们走进了更深的院子，一个个层层叠叠的隐秘的方形庭院，那么华丽，那么恢宏——一定是文艺复兴早期的建筑——但是都隐藏在黑暗中。

最后，在最深的那个庭院里，我们看到了一栋由一束束灯光打亮的宫殿般的建筑，正面有金字塔图案雕刻的栏杆和石刻，还有一扇你所见过的最高大、最漂亮的大门。我们进了那扇门吗？没有，我讲的是一段奇异的体验，所以我们是从旁边的最矮的小门进去的，紧接着见到了那里的老鸨，她垫了很厚的胸垫，上唇还留着一副阿道夫·门吉欧（Adolphe Menjou）[1]式的胡子。

“晚上好，晚上好！”[2]她有很重的马赛口音，即便是像“晚上好”这样简单的话也很难听懂。她接着说：“你们是来看电影、看表演、看女孩子们的——还是看什么的？”

“都要看！”警察局长说。

这家妓院叫“爱德华七世（Edward VII）[3]”，欧洲每家有点名气的妓院都叫这个名字。爱德华七世很喜欢去妓院，这些妓院也因此得名。显然这一家是他最喜欢的，至少他们是这么告诉我们的——我怎么知道他们说的是真是假？我只是告诉你我看到了什么。我们先是看

1　阿道夫·门吉欧（Adolphe Menjou，1890—1963）美国男演员，曾经在卓别林的电影中出演角色。

2　原文为法语：Bonsoir。

3　爱德华七世（Edward VII，1841—1910），大不列颠及爱尔兰联合王国、印度皇帝。

到了银房间，然后看到了金房间，最后我们看到了挂了很多面镜子的房间……接着我们又去了一间巨大的爱德华七世舞厅，由金色和红色两种颜色装饰，四周摆着小小的金椅子，乐队在里面演奏，乐队的指挥是一个小个子驼背儿。

接着，女孩子们走进坐了下来。当时的情形不太像她们平常见惯的——来了三男两女，她们要怎么招待？警察局长很棒，他一直在和那个长着阿道夫·门吉欧式胡子的高大丰满的上尉模样的女人说话。

接着……乐队开始演奏了。乐队的指挥，他们告诉我们，那个钢琴边的小个子驼背儿就是马赛歌剧院管弦乐队的指挥。他是马赛城最重要的音乐家，他每晚都为这些女孩子们演奏。

这一切都太神奇了。应该可以说，这一切就是妓院这么有魅力的原因吧？这里是天与地相遇的地方。

“老天爷，”回到酒店后我对里德说，“多有趣的一个晚上！侏儒、姑娘们、老鸨、抱着篮子的老女佣，那些还是婴儿的小公主和小王子们……还有西班牙国王！”

到后来我们也没能搞清楚，在那个英国领事身上到底发生了什么。

这些都是发生在一天当中的事。听起来有点太多了，但是别忘了，那一天的每一个小时我们都过得很精彩。在那个时候所有事情都比今天的多一些。当时的世界比今天的大很多——但同时也小很多。别让我解释为什么。

不过也别觉得你出生得太晚。每个人都有这种错觉，其实并不是。如果你认为自己出生太晚那才是问题。

那正是我母亲的问题，而且也是她的悲剧。在我和里德去巴黎度蜜月的时候，她曾经写信给我们："亲爱的孩子们，当我想到你们已经错过了战前巴黎的辉煌时，我在雨中为你们落泪；当我想到你们永远看不到布劳涅森林曾经的样子时，当我想到……"

"看在上帝的分儿上！"我说，我给她回了一封写得很差劲的信："亲爱的母亲，你有没有在凡尔赛宫的镜厅里住过？你知道当时他们送了什么礼物给太阳王路易十四吗？你有没有在枫丹白露的森林里在狩猎的号角声中跟随亨利二世的猎犬狩猎牡鹿？还是算了吧！看在所有我错过的那些事情的分儿上！"

她当然从没和我提起过这封信。

一切都是新的。至少在你周围第一次出现的所有东西都是新的。

所以我和里德达成一致，我们要去远一点的地方，之前没有去过的地方。当然了，其中一些地方，我们是受邀去的。罗道夫·德·朗格男爵（Rodolphe d'Erlanger）[1]就是我们在马赛的那次探险之后邀请我们去突尼斯西迪·布塞的人。不能说他是德·朗格家族的害群之马——他绝对是个很有魅力的人——但他也是个怪人。他从没进过德·朗格银行，这对于我来说就像谁宁愿用手走路而不是用脚走路一样奇怪。他的妻子，贝缇娜（Bettina），是个罗马人，有着一双绿松石色的眼睛。他们新婚之后就去了西迪·布塞，他们太喜欢那里了，不但决定住下来，还盖了一所漂亮的房子——一座小宫殿。他们的朋

1 罗道夫·德·朗格（Rodolphe d'Erlanger，1872—1932），法国画家和音乐学家，擅长阿拉伯音乐。

友是全欧洲最有趣的人，都到突尼斯去探望他们——比如埃尔西·门德尔（Elsie Mendl）[1]，当我和里德第一次去的时候她也在那里。我们之前从没去过非洲，我真是兴奋极了。抵达西迪·布塞的时候天刚拂晓，在甲板上我就看到了德·朗格的房子——其实就是一所小小的白房子，坐落在一道面向地中海的白色峭壁上，一路从海面延伸向上，有种着橘子树、柠檬树和夹竹桃的花园。

我们下了船。接着我们走到那座宫殿前，看到了院子里的男佣。在那里我们只看到了男佣，他们都穿着制服……到了晚上他们会换装，就像《一千零一夜》里面那样——干净的白衬衫，镶金的波列罗舞外套和金银浮花织锦的宽大马裤。

我们从男佣们的身旁穿过，走进一间有着橘色大理石墙壁和淡紫色大理石天花板的大厅，天花板由一些 16 世纪的花边柱支撑，它们是用雕刻着花边的石材建的，所以叫花边柱。在柱子之间有小鸟飞进飞出……还有一条细细的溪水在大厅里流淌，水上漂着栀子花。

接着我们就去吃午餐——欧式午餐，也就是说你坐在粉色大理石桌子旁，桌上摆着金色的高脚杯。我坐在罗道夫男爵的右手边，他总会拿着一条漂亮的亚麻手帕——就像一片蛛网一样轻盈——他一直在鼻子旁边举着这条手帕……他是个对乙醚上瘾的瘾君子。

“黛安娜……（吸鼻子），”他说，“你看上去状态这么好，简直是太好了。你是黑夜的黎明……（吸鼻子），你是太阳，是月亮，是星

1　埃尔西·门德尔（Elsie Mendl，1859—1950），美国女演员，室内设计师，著名作家，1913 年出版的《品位高雅的房子》在纽约、巴黎和伦敦社会享有很高的声誉。

星（吸鼻子、吸鼻子）……”——你知道的，就是男人在海边对女人讲的那种话。

“里德，”我有次问，“如果我也吸了乙醚怎么办？”

“不会的，”他说道，“只要记住这个就行了——他往里面吸的时候，你就呼气。”

罗道夫非常有魅力，别以为他的这个小小的癖好会让他失去魅力——你只不过需要一些时间去适应。乙醚上瘾的这种小缺点其实很寻常，就像……告诉你吧，我认为罗道夫男爵就是突尼斯的无冕之王！

他最好的朋友是福阿德（Fuad），是埃及国王，也是埃及末代国王法鲁克（Farouk）的父亲。他俩待在一起的时候，一直热衷于把北非的阿拉伯音乐记录在纸上。他们在罗道夫男爵那间漂亮的图书馆里一起研究音乐，还交换各自的管弦乐队。有时候，当我们准备吃晚餐时，管弦乐队就会开始演奏，从晚餐开始，一直演奏到深夜……

每天早上，所有人都会穿过一座座花园，经过一群孔雀身边，去下海游泳。其他人都是一起去的，我猜孔雀是觉得可以让他们通过。但我没和他们一起走，我永远是最后的那一个——永远是最后一名——所以我都是一个人下去的，穿过一英亩种植着柠檬树和橘子树的果园，然后在路中央永远会站着一只孔雀，站在那里展开尾巴。“请让我过去吧，”我会说，“他们都等着我呢。我午饭前都没时间游泳了，求你了。”

它会一直等到自己心满意足，之后才会收起尾巴，拖着走回果园去。

我常说，孔雀都很漂亮——但也很俗气。然而，那里所有的孔雀都是白颜色的，我来告诉你为什么。很显然，好多年以前，福阿德国王——就像一个生活在 16 世纪的人似的——收到了由一个特别的信使送来的用金线编织的篮子，里面装着一对蓝色羽毛的小孔雀。很自然的，这两只小孔雀后来就有了小宝贝。小宝贝之后又有了小宝贝，结果有一天，一只白色的孔雀诞生了。接着又生出了一只。然后数量越来越多，白颜色的孔雀也越来越多。

我们去的那个时候那里差不多有 75 只白孔雀。德·朗格家族把蓝色的孔雀都送了人，因为白孔雀只有和另外一只白孔雀结合，它们才能都是白色、白色、白色。晚上的时候它们会显得非常漂亮。宫殿的顶部是平的，在炎热的夜晚，我们用过晚餐后会上到屋顶上吹凉风，向下望我们就可以看到白孔雀开屏，看到它们小小的脑袋和远处倒映着月光的波光粼粼的大海……看上去很不真实。如果我说看上去不真实，那就真的看上去不真实。看上去就像奥伯利·比亚兹莱（Aubrey Beardsley）[1] 画的《莎乐美》（*Salome*）[2]。

有天晚上我们听到了鼓声，是宣告丹尼斯·芬奇·哈顿（Denys Finch Hatton）[3] 死讯的鼓声。他是一位伟大的白人猎手，是我母亲的一个好友，也是她所有同辈人的好友。最重要的是，他是伊萨克·迪

1　奥伯利·比亚兹莱（Aubrey Beardsley，1872—1898），英国插图画家、作家。他的画使用黑墨水，受到日本木刻风格的影响，强调怪诞、颓废和色情。

2　莎乐美（Salome），圣经中希律王的继女。

3　丹尼斯·芬奇·哈顿（Denys Finch Hatton，1887—1931），《走出非洲》主人公原型。

内森（Isak Dinesen）[1]的情人。伊萨克是我一个很棒的朋友。每次她来美国，都会过来看我。每周星期六的下午她都会来喝茶，喝完茶我们会提早吃晚餐，她每次都吃同样的菜。一瓶香槟，一串葡萄，还有十二只开好的牡蛎。她当时正忍受着疾病和手术的折磨，但她总是会去她想去的地方。在二十多年的时间里，梅毒一直在折磨着她。

在一个星期六的下午，外面下着雪，门铃响了，我去应门，看到她站在门口，像个丛林里的人似的，肩上搭着一束亮红色的剑兰——那时正是隆冬，积雪已经到大腿那么深。她大笑着喊道："我给你的红房间带了些红色的花来，"然后她把那束花丢给我，好像在说，"老天爷，终于摆脱了！"

1　伊萨克·迪内森（Isak Dinesen，1885—1962），丹麦著名女作家，《走出非洲》作者。

第六章

我总觉得，那些时尚杂志所呈现出来的这个世界里的荒谬、奢侈和势利是非常让人着迷的。当然了，那并不是为所有人服务的。很少有人像我童年时那样，闻过那些穿着时尚杂志上刊登的裙子的女人家里厨房的味道。但我就生活在这样的世界里，不仅是在我为杂志工作的那些年头，还有在那之前的年月，因为我一直属于那个世界——至少在我的想象里是这样的。

康泰·纳仕（Condé Nast）[1]是一个非常了不起的男人，一个有标准的男人。他有一个愿景，下决心要提高美国女人的品位。他觉得，难道她们不该拥有最漂亮的衣服吗？于是他送了她们《时尚》(*Vogue*) 杂志。还有漂亮的房子？《住宅与庭院》(*House & Garden*) 杂志。别忘了，还有《名利场》(*Vanity Fair*) 杂志！康泰觉得，美国的女性难道不应当了解一些作家、表演艺术家和画家吗？——毕加索（Picasso）[2]正在涂抹着最伟大的画作，而一个叫普鲁斯特（Proust）[3]的人正在写一本伟大的书？她们难道不应该知道……约瑟芬·贝克（Josephine Baker）[4]吗？

我知道一些约瑟芬·贝克的事。我曾经在哈雷姆区（Harlem）[5]见过她。20 世纪初的时候，我一直待在那里。那里的音乐棒极了，但在合唱团的女孩子里你只看得到约瑟芬。她有一双最温柔的棕色天鹅绒般的眼睛，充满爱意，很亲切，也很友善——你能感受到的一切就是她散发出来的好意。她的眼睛里也充满了快乐。她有那股……劲儿——就是这样。

有天晚上，我被邀请去参加一个康泰·纳仕的晚宴。康泰邀请到场的每个客人都代表了一些东西。他就是创造了社交社会的人，当

1　康泰·纳仕（Condé Nast，1873—1942），美国出版商、企业家、商业巨头。创办了康泰纳仕传媒公司，出版了诸如《名利场》《时尚》和《纽约客》等杂志品牌。

2　巴勃罗·毕加索（Pablo Picasso，1881—1973），西班牙画家、雕塑家，现代艺术创始人，西方现代派绘画的主要代表。毕加索是当代西方最有创造性和影响最深远的艺术家，是 20 世纪最伟大的艺术天才。

3　马塞尔·普鲁斯特（Marcel Proust，1871—1922），20 世纪法国最伟大的小说家之一，著有《追忆似水年华》。

4　约瑟芬·贝克（Josephine Baker，1906—1975），著名的黑人舞蹈家。

5　哈雷姆区（Harlem），纽约的非裔住宅区。

时被称作咖啡社（Café Society）：一个经过精挑细选拼出来的大杂烩[1]——房间里总能挤得下更多的人，别忘了——那是一群永远不会出现在同一个社交场合的人。康泰通过才华来挑选客人，不论那才华是什么——文学、戏剧、生意，由聪明人组成的时髦小社会。为什么会邀请我？我当时很年轻，很会穿衣服，而且很会跳舞。

那天晚上就是“三个贝克”的夜晚。第一位走进康泰派对的是乔治·贝克（George Baker）夫人，伟大银行家的太太。她是当时全纽约穿得最漂亮、最有魅力的女人，同时也是一位很棒的女主人。接着……是伊迪萨·贝克（Edythe Baker）[2]，全纽约最可爱的女孩儿。她来自密苏里，个子娇小，她的钢琴天赋绝对令人赞叹。她曾在伦敦的科克兰雷剧院里，在整个舞台那么长的钢琴上演奏。这个可爱的小姑娘坐在钢琴前，手指上下翻飞，一边弹奏一边唱起了《布鲁斯的诞生》（*The birth of the blues*）。这就是伊迪萨。

接下来，走进来的是……约瑟芬·贝克。那真是个历史性的时刻：聚会上来了一个黑人。她的头发是巴黎最著名的理发师安托万（Antoine）为她做的，看上去像一个希腊小男孩——小而平的发卷紧贴着她的头皮——身上穿了一件白色的薇欧芮牌的裙子，斜裁的，像条手帕。这条裙子没有头尾——只要套在脑袋上，然后裙子会贴合着你，跟着你身体的动态而动。约瑟芬的举手投足，那两条修长的黑色的腿，那两条修长的黑色手臂，那条修长的黑色脖颈……在她黝黑平

1　原文为法语：Mélange。

2　伊迪萨·贝克（Edythe Baker，1899—1971），美国钢琴师，以用钢琴弹奏布鲁斯闻名。

坦的后背上缀着白色丝绸做的蝴蝶，她就像夜总会里的女孩那样时髦。

我自己也受到了邀请，开心极了。当时我已经很久没有好好享受过生活了。那就是三个贝克一起出现的那个晚上！

结了婚之后，某天晚上在巴黎，我和一个朋友去了蒙马特高地的一个小剧院，去看一部名叫《亚特兰蒂斯》（L'Atlantide）的德国电影，里面有位很棒的女演员，叫布里吉特·赫尔姆（Brigitte Helm），她在里面饰演“失落的大陆”的女皇。当时是七月中旬，天很热。剧院里唯一的位置是第三级的包厢，离屋顶很近，而那里更热。那里有四个连在一起的座位，我们坐了两个。

我们坐在那儿，电影开场了……我完完全全被吸引住，完全入迷了。我不知道我觉得自己看到的是不是我真正看到的东西，但是我整个人都被三个身在异乡的古罗马士兵和他们的骆驼，还有他们的不幸遭遇吸引住了……他们疲惫不堪，因为脱水而有些精神错乱……接着他们出现了幻觉。意思是如果你很想要女人，你就会看到女人，如果你很想喝水，就会看到水——你所幻想的任何事，都能在眼前看到。但是你也永远摸不到，一切都是幻象。

接着……有绿洲的迹象了！他们看到了一棵棕榈树……接着是更多的棕榈树。接着他们已经置身于沙漠中的绿洲了，在那里他们看到了布里吉特·赫尔姆，这个神一般的女人坐在宝座上——四周围着几只豹子！豹子在晒着太阳。她的眼睛盯在士兵们身上。其中一个士兵走上前去，她给了他一杯香槟酒，他喝了下去。然后她拿回酒杯，打碎了它，用碎片割断了他的喉咙……

然后还有后面其他的，等等。

电影继续放着，我坐在那里简直一动都不能动。在某个时刻我的手挪到了……某处……然后就一直放在那儿，一直到电影演完。我仿佛被魔咒附了体，因为那感觉是那样持久。我完全入了迷，被诱惑进了那片沙漠里，被失落大陆的女王，世上最邪恶的女人，还有她的那些猎豹……完全地吸引了！这真是体现了电影主义的精髓。

接着……灯亮了，我感觉到手下有一点动静。我低头一看——是一只活生生的豹子！豹子的旁边坐着的正是约瑟芬·贝克！

“哇，”我说，“你带你的豹子来看豹子了！”

“是啊，”她答道，“没错。”

她一个人牵着那头豹子。她那天穿得特别漂亮。一条漂亮的小黑裙，还有一件小小的薇欧芮衬衫——没有袖子，后背是空的，前面也是空的，只是在对角线上拉了个十字。别忘了当时的天气有多热，从剧院里走到外面去感觉有多棒。当然了，那头豹子跑在前面，约瑟芬跟在后边，迈着两条长长的黝黑的腿，被豹子拖着跑下台阶，用最快的速度一步跨三个台阶，跑得飞快。

街上有一辆巨大的银白色劳斯莱斯汽车在等她。司机打开了车门；她松了手，猎豹吼了一声，一下蹿进了劳斯莱斯的后座，约瑟芬紧跟在后面；车门关上了……他们就这么走了！

哇！那是个什么样的场面啊！我从没见过。最惊人的速度，最棒的风格。在那个年代，风格是个好东西。

D.V.

第七章

如果我可以这样说的话，至少可以对你这样说吧，我有时候觉得白人有点不对头。我们是在错误的时间出现在了错误的地方。黑人基本上是如今我唯一还能欣赏的人了。

我很喜欢看那些黑人小学生，排成整齐的一小队走进博物馆，穿着妈妈们为他们织的漂亮的羊毛衫。

如今我在纽约看到的那些年轻黑人女孩儿，她们真是最有魅力的女孩子——从头到脚都是！她们的手是世上最漂亮的手。还有她们的腿可真是太美了！从前她们站着的时候喜欢把屁股撅出去。你知道她们走路的方式——好像上半身沉到肚子里去，然后把屁股撅出来。但是今天，你找不到一丁点儿她们以前走路的样子。她们都站得笔直，但是当她们迈开大步走路的时候……就像一群非洲瞪羚！她们都很强壮，很有力量。

很快，全世界即将拥抱色彩——这是毫无疑问的。世界不会只是非洲人的或者阿拉伯人的，也不会只是中国人的——世界将是彩色的，而不只有白色一种颜色。西方世界将会不复存在。也许不会发生在我这辈子，可能也不会发生在之后的五百年里，但终究是会发生的。西方已经快要把自己无聊死了！我们已经自说自话太久了！

每次我住在巴黎克里雍大饭店的时候，都会注意到这个变化。1960 年代，我为《时尚》杂志做报道，有天晚上我到了克里雍大饭店之后，看到好像乍得[1]全国的人都在那里。他们都像圣经里写的那样，戴着小小的帽子，穿着金色和银色的拖地长袍。

接着，第二次，是在几年之后，我又回到了克里雍大饭店，这次看到整个非洲大陆的人都来了——全非洲的人。那里差不多有 40 个非洲国家的随行人员。他们都在讲法语和英语。男人们都穿着剪裁漂亮的法式西服，举止都很有修养。

然后到了晚上，那些女人们！她们都那么迷人。一个个看上去就像尼罗河的女神。她们手上戴的金戒指，美丽的脸庞，还有漂亮柔软

1　乍得 Republic of Chad，乍得共和国。

的皮肤，看上去都很有古典的韵味。每一位都是那么迷人。

接着……第二天，我们迎来了“第三世界”的大驾光临——一共有五个总统和一个国王！简直是太精彩了！他们的袍子！珠宝！还有他们的保镖！克里雍大饭店的安保工作一直做得极好，就是因为常有很高级别的人住在那儿。我很喜欢安保人员——我真的是很喜欢他们。虽然他们不是来保护我的，但是当你一走出电梯，立刻会有 20 个男人站起来，这会让你感觉到很安全。

非洲人离开之后，那个地方安静得有点可怕。接着……两天之后，阿拉伯人[1]又来了！老天爷，看上去真是光彩照人——他们都是法国总统的客人。你绝对想不出他们的衣服有多么华丽。而且他们都那么干净，简直是一场我所见过的最干净的白袍时装秀。在白袍子的下面，系着漂亮的猩红色和紫罗兰色的纤细腰带。每个人都很年轻，都非常纤细，他们的骨骼长得很美，还有漂亮的鼻子和精心修过的胡子。还有他们走路的样子……！毫无疑问，他们一定是些大人物[2]。

然后……到了晚上，他们全体都穿上了杰拉巴（Djellaba）[3]！棕色的长长的杰拉巴——几百人都穿着杰拉巴！其实，也不是真正的杰拉巴……也不是真正的卡坦（Caftan）[4]……而是有点像外套——在薄薄的羊毛料子上缝着金线……我不知道应该怎么形容比较准确，我只

1　原文为法语：les arabes。

2　原文为法语：quelqu’uns。

3　杰拉巴（Djellaba），北非马格里布地区男女都可穿的一种长而宽松的长袖外袍，起源于摩洛哥。

4　卡坦（Caftan），一种由羊毛、羊绒、丝绸或棉制成的长袖长袍，可以用腰带装饰。

知道他们每个人都穿着这个，而我也想要一件。我也许可以写一封充满赞美的信，说我这一辈子就只想要一件那样的衣服，棕色的。我要把这个消息传出去。

啊！对了，还有那些男人们！他们都是优雅的绅士。目光就是直视前方——从来不会注意你。当然，他们很有钱——富有得吓人。在他们身边你也永远看不到女人！我要是个阿拉伯情妇该有多好，被人秘密地藏在沙漠里的某个地方，什么都不用去想……

你可能注意到了，我现在把黑人和阿拉伯人[1]互换着说。有一天，那个时候大都会博物馆正在做俄罗斯服装展，我在旧金山那边的朋友惠特尼·沃伦（Whitney Warren）打电话来，问他能不能带几个在旧金山的罗曼诺夫家族（Romanov）[2]的朋友来看展览。然后他就把他们带来了——每一位都那么风度翩翩，那么讨人喜欢——这些人径直走到了展览里面的那尊布莱克莫尔（Blackamoor）[3]雕像前面。他们站在那尊高大漂亮的雕像前面，彻底地被迷住了。"夫人，"他们说——像所有的沙俄流亡者那样说着法语——"这是个阿拉伯人[4]！噢，我们是多喜欢我们的那些阿拉伯人啊[5]！"

当然了，我长得有多像阿拉伯人，那尊布莱克莫尔雕像长得就有

1　原文为法语：les arabes。

2　罗曼诺夫家族（Romanov），统治俄罗斯的第二个也是最后一个王朝，俄罗斯历史上最强盛的王朝。

3　布莱克莫尔（Blackamoor），来自欧洲前现代时期的艺术风格，描绘高度风格化的人物，通常是非洲男性，但有时是其他非欧洲种族，通常以仆役或充满异国情调的形象出现。常出现在雕塑、珠宝、家具和装饰艺术中。

4　原文为法语：C'est un arabe。

5　原文为法语：arabes。

多像阿拉伯人。但这是件很俄国的事。要知道黑人芭蕾舞演员曾经在迪亚吉列夫早期的芭蕾舞表演当中起到了举足轻重的作用；还有，记得普希金（Pushkin）[1] 写的那本很精彩的书吗，《沙皇身边的黑人》（*The Emperor's Negro*）？就像你知道的，普希金的祖母就是黑人。在皇宫里的每一扇门旁边，都会守着一个活生生的布莱克莫尔，高大健壮，皇室里上上下下的人都喜欢他们，他们负责开门和关门，把冷风关在门外。

在俄罗斯和威尼斯，这种艺术形式也被做成了珠宝首饰；这很 18 世纪，也很 19 世纪。

我给你看过我收集的那些布莱克莫尔黑人头上戴的珠宝首饰吗？是卡地亚设计的，小小的黑人头上围的头巾也是上了瓷釉的。我跟芭芭·卢辛其（Baba Lucinge）[2] 曾经有过很多件这样的“黑人珠宝首饰”……那是 1930 年代的巴黎最时髦的东西。搬到纽约之后，我曾经努力让卡地亚从巴黎运一些到纽约的分店去卖。我能告诉你的就是那真是一场大洋两边的竞赛——别忘了，那时候运货还是靠船的——竞争非常的激烈。卡地亚的东西都很昂贵，但是第五大道的萨克斯精品百货店摆出了一些仿制货，当时的售价差不多 30 美元一个，而且你完全没有办法区分哪个是真货哪个是假货。所以我买了一些假货，和真货一起戴——于是我全身都挂满了“黑人珠宝首饰！”

1　亚历山大 · 谢尔盖耶维奇 · 普希金（Alexander Sergeyevich Pushkin，1799—1837），俄罗斯浪漫主义时期诗人、剧作家和小说家，被认为是俄罗斯最伟大的诗人和现代俄罗斯文学的创始人。

2　芭芭 · 卢辛其（Baba Lucinge，1901—1945），20 世纪 20 年代的时尚风向标。

他们跟我说如今戴“黑人珠宝首饰”已经不再是一种好的品位了。但我觉得我能为它们赋予新的生命。为什么不呢？我觉得如今纽约城里的黑人也会觉得挺刺激……意识到他们是人类当中最漂亮的。我的男伴说，“你到底想做什么呢？想证明些什么呢？”但我觉得黑人们一定会很开心。他们能明白我的意思。

第八章

我戴黑人珠宝首饰的方式，就和佩吉·霍普金斯·乔伊斯（Peggy Hopkins Joyce）[1]戴钻石的方式一样。她是个长得很漂亮的金发女郎——是二三十年代每个人口中最津津乐道的淘金者（golddigger）[2]。老天爷，你没见过还有谁像佩吉·霍普金斯·乔伊斯那样拥有那么多

1 佩吉·霍普金斯·乔伊斯（Peggy Hopkins Joyce，1893—1957），美国女演员、艺术家、模特和舞蹈家。以艳丽的生活而闻名，订婚无数次，和富人有过六次婚姻。以一系列的丑闻、收藏钻石和毛皮，以及奢华的生活方式而闻名。

2 淘金者：以色相博取金钱的人。

的钻石！那些钻石都很漂亮，方柱形等各种各样的形状都有。老天爷啊，她真的是很风流，很有魅力！当然了，任何人喝多了香槟都会发胖，后来她也长出了双下巴——但她的身材保持得很好。她是真心地喜欢那些男孩子。

她最出名的就是很善于从和她约会的男人那里要到钱。她会叫自己的车子在外面等着——她是不会坐你的车子的。然后你坐着她的车子离开丽兹酒店，径直到她的住处吃晚餐或者什么，接下来回到酒店，就在你下车的时候，她就会看着你说："现在你会为乔治做点什么呢？"乔治是她的私人司机，帮你打开车门的人。她完全知道自己在和什么样的人打交道；这可不是从街上的小孩子那里要钱。她就会说："你准备为乔治做些什么呢？"面额低于一百美元的钞票？想都别想！至少有七八个男人这么告诉我了。想想看，一百美元在那个时候得值多少钱！

和其他私人司机相比，乔治一定有些不同之处。他更像是我们今天所说的私人司机。如今拥有私人司机是种特权，他会像朋友一样地照顾你。他会用你的名字称呼你而不是用你的姓，而你也会这么叫他。而在那个时代，你也会打扮你的私人司机——冬天要穿毛皮，戴漂亮的帽子——而且你会用他的姓氏称呼他：波拉德（Pollard）、帕金斯（Perkins）。不过佩吉没有这样，她有自己的办法。

那是怎样的一代人啊！是马提尼酒的时代！在那个时代，人们会从车上走下来，目送你走进家门，接着他们会踉跄两步，然后摔倒在人行道上。你已经走进家门了，他们还躺在人行道上；到后来，他的私人司机或是出租车司机就不得不下车去找他们。1920 年代的马提尼酒实在是太可怕了。如果我给你倒一杯金酒，再滴一滴针尖儿那么大的苦艾酒进去，这就是那个时候的马提尼酒。喝这种酒的人会被抬回家，通常是不省人事的状态。我说的是我结婚前比较自由的那两三年。我这辈子再没见过有那么多人喝了那么多的酒。所以我不觉得那样多有魅力，但是我完全明白喝醉是怎么回事。

当然，随之而来的就是禁酒令，真是个疯狂的想法。试试看，叫我不要碰这一杯茶，最后我会把整壶都喝下去。罗斯福（Roosevelt）[1] 知道该怎么做：废除禁酒令。如今已经很难想象禁酒令曾经存在过——就像是个童话。

1931 年，就在禁酒令施行期间，我偶尔会从英国回来纽约几天，里德不会和我一起回来。那个时候我爱上了一个叫“修道院”的地方，其实就是以前的“饮酒俱乐部”。意思就是会有人先通过门上的猫眼看你，之后才能放你进去；然后你走下一条很长很黑的楼梯，带着你自己的酒，会有人帮你把酒倒进盛汤的杯子里拿给你。那个时候的人就是这样一夸脱一夸脱[2] 喝酒的。

当时是在经济大萧条之后，但对于纽约来说仍然是段无忧无虑的日子。当晚和我一起去的那些朋友里，没有哪个看上去受了大萧条的影响。我和你说他们是谁，你就明白为什么了：有史以来最伟大

1　富兰克林 · 罗斯福（Franklin Roosevelt，1882—1945），美国第 32 任总统，竞选时把废除“禁酒令”作为一条竞选纲领，最后获得了大选的胜利。

2　夸脱（Quart），容积单位，1 夸脱接近 1 升。

的马球运动员汤米·希区柯克（Tommy Hitchcock）和他迷人的妻子佩吉；埃夫里尔·哈里曼（Averell Harriman）[1]；桑尼·惠特尼（Sonny Whitney）[2]还有他漂亮的妻子玛丽——还有马球队里的其他球手——还有另外几个人。我们到了那儿……我们这群最有钱、最膨胀的人——我指的是在银行账户里有钱的那种，不是指股票经纪人——每个人都为晚宴盛装打扮了一番。我被那个地方完全迷住了——空间很小，还有那里的音乐……当然，还有一点点的危险，因为我们待在一个非法经营的地下酒吧里，做着违法的事——我对这本身不感兴趣，但你无法否认那种吸引力。一切都是那么的时髦，那么的有趣，我觉得那里非常非常有意思。在那儿，在那个小小的房间里，有着全世界最好和最糟的东西——如果你像我一样特别喜欢夜生活的话，那真是一种叫人着迷的平衡感。

于是我们就坐在“修道院”里，一汤杯接着一汤杯地喝着酒——怎么都喝不完。另外那几个男人里面，有一个很帅气的爱尔兰男人叫吉姆——我想不起来他姓什么了——当时打算好好喝上一顿。别以为这样他就不再有魅力了。在我记忆当中，他看上去永远都是一副喝多了的样子，但是永远都那么有魅力。那天晚上，他望向房间的另外一边说：“你能看见我在看的东西吗？”

他看到的是一个姑娘，一头直直的红发落在肩头，额前留着刘

1　埃夫里尔·哈里曼（Averell Harriman，1891—1986），美国民主党政治家、商人和外交官。

2　桑尼·惠特尼（Sonny Whitney，1899—1992），美国商人、政府官员、电影制片人、作家、慈善家和马球运动员。

海，有一双细长迷人的深色眼睛，穿着一条美丽的红裙。他穿过房间过去邀请她跳舞。他当时已经醉了，但还是能站起来走路，所以他对她讲个不停，因为那个时代的搭讪方式就是这样的。他不停地说啊说啊，即便她说："哦，你真可爱，但是，你看，我的偏头痛发作得很厉害……"

"你在开玩笑吗，吉姆？"他回来的时候，我对他说，"你不能太过头了，你知道谁跟她坐在一起吗？"

"谁他妈在乎谁和她坐在一起？"他说，"那女孩是我的。"

于是他第二次走了过去，这一次女孩旁边的男人站了起来，他的兄弟们也站了起来——到处都是枪、枪、枪。那男人是里格斯·戴蒙德（Legs Diamond）[1]，那女孩是他出了名的姘妇琪琪·罗伯茨（Kiki Roberts）。里格斯解开了外套，胸前的皮套里插着两把枪，他拍了拍那两把枪。时机掌握得漂亮极了。动作是多么优雅！他的朋友们都抬起头看着他。娃娃脸尼尔森，漂亮男孩弗洛依德……我记不得他们所有的人了。但我还记得那个晚上，我的那位朋友也记得。他安安静静地坐了回来，又喝了差不多一汤罐的酒。

第二天晚上，我们所有人又去了"修道院"——还是我们这一群人——结果这一次全纽约的帮派分子和黑帮大佬都在，不过不同的是，这次我们这一桌再没有谁过去打扰他们了。我们都上过一课了。我们坐着又喊又叫，享受着我们的人生……凌晨两点半，或者可能是

1　里格斯·戴蒙德（Legs Diamond），纽约的爱尔兰黑帮头目。

三点半的时候——在那段日子里，我整晚都会待在外面，完全不知道已经到了什么时间——突然间所有的灯都灭了。接着又亮了……接着又灭——一片漆黑。接着又亮了……然后又是一片漆黑。这下我们都明白，灭三次灯的意思就是——警察来了！于是所有的酒瓶子都消失了，汤罐里的酒被匆忙喝下，一切都突然之间恢复到了应该有的样子（原文为法语：comme il faut）——我们都在吃着晚餐。三个警察站在了屋子中间。"女士们，先生们，"一个警察说道，"今晚上不必结账了——所有人现在都要安静地从这儿出去，我说了'安静'，"——三个警察同时拔出了枪——"你们就要'安静'。"

于是我们走了出去……穿过黑漆漆的大厅，走出大门，走上了人行道。就在房子前面，三个男人躺在台阶上，流着血，快死了。显然，他们被无声手枪击中——我们都没听到。但是要出去就没有别的办法，于是我们小心地跨过他们，走到了大街上。

我还完全记得当天晚上我穿了什么——一条白色锦缎裙，还有白色锦缎便鞋。当然了，那个时候人们总是会打扮起来。去黑人住宅区你要打扮一下，去饮酒俱乐部也要打扮一下。但是那天，我穿着染着血的白色锦缎便鞋走回了家……我永远不会忘记那个晚上——在"修道院"的那个晚上。

当然了，越是禁止什么就越是要享受什么。因为你不可以喝酒，于是你就把手边能找到的任何东西都喝掉了。人们会去喝浴室里的李施德林漱口水（Listerine）[1]！任何哪怕含有一丁点酒精的东西。好多好多那么有魅力的男人，都因为喝酒死掉了。那些男人都没能活太久。

在禁酒令期间，我和里德大部分时间都待在伦敦，但是 1928 年的夏天，我们住在我公公在纽约布鲁斯特的一栋房子里。那天我和我的儿子弗雷基（Frecky）一起待在门前的草地上。那简直是太美好了！哦，你知道你对自己孩子的那种情感。他躺在阳光下，皮肤是桃花心木的颜色，而且咿咿呀呀个不停。他总是很爱笑，总是那么可爱。而且个头很大！他当时的体重有十一磅半，想想看吧，我把他生出来的时候，我也算得上是个典型案例。由于个子很小，我几乎做遍了所有的医学检查。我生了两个孩子：生蒂米用了十四分钟，生弗雷基只用了七分钟。没有产前的阵痛或其他什么，就这样生了。完成了！很简单。显然我的个子并没有这样或那样地影响到我；我只是非常明白，要把他们生下来只有靠我自己。

话说回来，我当时坐在太阳底下，和我可爱的小婴儿讲着话，接着一个非常英俊的男人开车停了下来，他下了车，径直走进了房子——我还在外面的草地上——他提了个很大的包裹，把它留在了房子里。接着他走了出来，向我们走过来。他说，“弗里兰太太？”我回答，“是的。”

他穿着我见过的最漂亮的衣服，裁剪得非常好，戴着一顶漂亮的帽子；那个时候的男人还戴软呢帽。那个时候的布鲁斯特还非常乡下：

1　李施德林漱口水含有酒精。

到处都是泥土路。他说，“我是——”无论谁吧——乔·帕洛卡（Joe Palooka）。“我给你的丈夫酿私酒。我和里德是很好的朋友。很高兴认识你，你的孩子可真漂亮。”——诸如此类。我当时在想：老天爷，多漂亮的衣服啊。天啊，这些南方佬，他们确实很懂怎么让裁缝把活儿做好。他非常迷人，我说，“那就和我一起坐一会吧。你不用着急赶回纽约去。”

于是我们就坐在那儿，聊着天，猜猜接下来发生了什么！头顶上传来了微弱的嗡嗡声，我们抬头向上看，查尔斯·林德伯格（Charles Lindbergh）[1]正从我们的头顶上飞过！他是在飞往巴黎的路上！查尔斯·林德伯格。我总是跟弗雷基说那真是个好兆头。我们抬头看到了那架飞机。当然了，那个时候天上还没有太多飞机在飞。我对弗雷基说，“你看，这是多么美妙的一个小时：开开心心地晒太阳，吐一吐口水笑一笑，做一些小婴儿做的事情，然后我和为你父亲酿私酒的人坐在一起，最后林德伯格从我们头顶上飞了过去！”

1　查尔斯·林德伯格（Charles Lindbergh，1902—1974），美国飞行员、军官、作家、发明家、探险家和环境活动家。1927 年在他 25 岁的时候，他完成了单人驾驶飞机横跨大西洋的壮举。

第九章

你真应该跟我的按摩师约瑟夫（Joseph）聊一聊。像他这样的人知道那种内幕消息。他的人生才是真正的人生。他是蜜丝婷瑰（Mistinguett）[1]的按摩师，也是约瑟芬·贝克的按摩师……听着，他就住在白金汉宫里！

有一次约瑟芬·贝克在巴黎赌场表演劈叉，发生了非常糟糕的事

1　蜜丝婷瑰（Mistinguett，1875—1956），法国女演员兼歌手，曾是世界上收入最高的女艺人。

故，她把那个部位的全部韧带都撕裂了。约瑟夫获得了玛丽王后的同意，每周三次跨越海峡，把她的韧带都接回到了原来的地方。他今天还是那个样子，他的双手就是有种治愈的力量。

“好了，约瑟夫，”我会问，“你都为玛丽王后做过什么？”

“哦，夫人，”他就会用带着浓重的法国阿尔萨斯地区的喉音回答说——“她每天要为十六个市集的开业剪彩——这真是太糟糕了！”

“啊，”然后我说，“所以，你会帮她按一按脚。”

“噢，不是的，夫人！我全都得做！我得从……这里开始。”

“那她穿什么？”

“噢，夫人……”

“告诉我，约瑟夫，她穿什么？”

“一丝不挂。”

“得了，约瑟夫，我不相信。玛丽王后才不会光着身子让人按摩。”

“我告诉你吧，夫人——我给她按摩的时候她什么都不穿！”

我和约瑟夫之间总是会有这样的谈话。

但是这种事情你是不能讲的，你没办法说“是我的男按摩师告诉我的”。那么接下来，为什么你就不会跟别人说呢？

不过我可以告诉你宫廷是什么样的——真的可以好好讲一讲。在到达之前你就要花上好几个小时。你得拿上食物，带上装水的长颈瓶。然后你得在车里坐上好久，因为所有的车子都被堵在林荫路上，全伦敦的人看到你坐在车子里就冲你喊：“你好啊，小宝贝儿！”还有“回头见，小甜心！”还有别的那些特别有意思的伦敦土话。

然后……你就到了目的地，我觉得那是世界上你能看得到的最棒的事情。仪式在宝座厅——一个巨大的正方形房间里举行——我一直觉得正方形的房间是最漂亮的——房间的尽头放着一个台子。台子的一侧是穿着格子花呢短裙的苏格兰人，他们的衣服上装饰着蕾丝、天鹅绒，佩着短剑还有毛皮口袋……你知道吗，穿那些东西是用来压住短裙的——不然他们的裙子就会被风吹起来。顺便说一下，那裙子确实能被吹起来。我可以告诉你，在苏格兰的时候，我和妹妹有过这方面的见识。在那些绅士们弯腰拨旺燃烧泥煤的炭火的时候……当时已经没有几件事是我们不懂的了。

不管怎样，苏格兰王室里位高权重的人都到场了……还有乔治五世国王和玛丽王后这两个皇室成员。我认为他俩是我记忆当中最有皇室味道的人物——不是说我不喜欢当今的女王，但是在那两个人身上总是能看到一些东西；因为他们曾经是印度的皇帝和皇后，而在英国的土地上太阳永远不会落下。在台子的另外一边是印度的权贵，戴着蓝宝石和珍珠——他们拥有的珍珠真是多得叫人难以置信——还有祖母绿宝石和红宝石。那些浮花织锦、有束腰的宽松外衣、还有马裤——我形容得有点像土耳其人。不过从任何一个角度来看，他们都奢侈极了。

在那两只宝座旁边站着一个男孩，看上去应该有 17 岁了。我之前从没见过他。他的肤色和栀子花一模一样，栀子花的颜色并不是太白，有一点奶油色在里面。你没办法说白人的肤色像栀子花的颜色，但他的肤色就是。他的眼睛是黑色的。他穿着一件 18 世纪的外套，是用绣有淡蓝色、绿色和黄色花朵的白色锦缎做的——长度一直到他的膝盖——下面是白缎子的紧身裤。他头上裹着一条漂亮极了的头巾，相对他的小脸来说——那头巾实在太宽了。那是我第一次见到阿里·汗（Aly Khan）[1]。

但是，我和你提这个是因为要给你讲另外一个人，他站在距离宝座更近的位置。

在这之前的几年，有一天晚上，利奥·德兰格（Leo d'Erlanger）[2]邀我和里德去一个地方吃晚饭，那个地方在那个时候被叫作“俱乐部”，但不是“怀特”或者“布德尔”那种男子俱乐部。那些俱乐部其实是“妓院”——不是说真有妓院的功能，而是说那里没有显眼的出入口。那里是一个即便像 J.P. 摩根（J.P.Morgan）[3]这样的人物也能好好吃一顿不被打扰的晚餐的地方。你得从边门进去，他们都很……小心。利奥当时准备和一个潜在的生意伙伴吃饭，出于好意他也邀请我们一起。

那个男人叫努巴尔·古尔本基安（Nubar Gulbenkian），是金融家卡洛斯特·古尔本基安（Calouste Gulbenkian）的儿子，他从石油里挣了数十亿美元——人称百分之五先生。现在我知道他父亲是全世界最伟大的中国艺术品的收藏者，在把东方收入囊中之后，他又计划开

1　阿里·汗（Aly Khan, 1911—1960），苏丹王子，是苏丹穆罕默德·沙阿的儿子，阿加·汗三世，尼采·伊斯梅利穆斯林的领袖，什叶派伊斯兰教徒，也是阿加·汗四世的父亲。

2　利奥·德兰格（Leo d'Erlanger，1906—1962），会计、航空爱好者。帮助组建了英国航空公司，并成为英国海外航空公司主席。

3　J.P. 摩根（J.P.Morgan，1837—1913），美国金融家和银行家，在 19 世纪末和 20 世纪初主导了美国的公司金融和工业合并。

始收藏著名的欧洲油画——比如鲁本斯（Rubens）[1]的那幅，一个黑仆人为一个女人撑伞，等等。当然了，我被完全迷住了。

也不能说他的儿子给我留下了什么深刻的印象，虽然他身上也没什么不对头的地方。但是出于某种原因，他倒是很中意我。从那次见面之后，每次只要在伦敦任何一个夜总会、任何一个地方的大堂里，或是在任何一场演出的幕间休息碰上他，他都一定要大肆表演一番。

“啊！黛安娜！”他会在房间的另一头大叫，并撕碎一张餐巾纸。

“老天爷，黛安娜，”我的英格兰朋友们就会压低声音对我说，“瞧瞧你都招惹了什么样的人！”

“我可没有招惹他，”我回答，“是被别人介绍的。”

所以我和他最多也就进展到了这里。后来的几年里，他开始变得非常时髦——扣子眼里总会插一支绿色的兰花——但这个时候他已经完全从我的生活里消失了。所以只是之前在剧院、俱乐部里发生的那些小片段……都是些无聊事。

现在我们继续说皇宫里的事。我刚刚向乔治国王和玛丽王后行了屈膝礼，如今我开始喜欢屈膝礼了。别忘了我是在英国长大的，而且我很喜欢这种伸展身体的姿态。我当时已经完成了蹲下去的步骤，然后，当然还要再站起来。如果你是在伦敦的话，就不能只是稍微蹲一下做做样子，而是要蹲下去很多，然后再站起来。当时我正要站起身的时候，眼睛突然看到了这世界上最漂亮的皇家珠宝。你只要看过它

1　彼得·保罗·鲁本斯（Peter Paul Rubens，1577—1640），17 世纪佛兰德斯画家，被认为是最具影响力的佛兰德斯巴洛克传统艺术家。

一次就永远不会忘掉。那块宝石切割得漂亮极了：几乎是镜面切割，意思就是它非常平，是一种方柱形宝石的切法。当然了，钻石的价值还要看它的厚度。这颗钻石像一颗鸡蛋一样大，经过人们的切割和打磨，它的光彩夺目极了，光芒倾泻而出。我一直在盯着它看。我觉得自己做不完后半段的屈膝礼了。

接着我想看看是谁在戴着它。这个人戴着一条巨大的黑色头巾，穿着一件精致的黑色杰拉巴长袍……竟然是我的朋友努巴尔·古尔本基安。我惊讶极了——这个曾经对我大喊大叫的男人，曾经在那些剧院前、大厅里“羞辱”过我的男人，如今就站在皇座的旁边。我都不知道哪件事更让我惊讶——是他站的地方，还是他戴的那颗绝世珠宝。我也不知道为什么是他戴着那块宝石。

很快，一位宫廷侍从，同时也是阿黛勒·阿斯泰尔·卡文迪什（Adele Astaire Cavendish）[1]的好友——一个很有魅力的小伙子，因为皇家仪式的关系他穿着及膝裤——走过来对我说，“阿黛勒告诉我你今天晚上也会来。我可以带你去外交人员用餐的餐厅吗？宫廷侍从和宫廷仕女们也会在那里用晚餐。”

我自然是很乐意的[2]。

于是我们走了进去。里面有灯光表演，还有那些精美可爱的小三明治和肉汤……我永远不会忘记。接着，老天爷，古尔本基安这个男

---

1 阿黛勒·阿斯泰尔·卡文迪什（Adele Astaire Cavendish，1896—1981），美国舞蹈家、演员、歌手。

2 原文为法语：enchantée。

人，这个曾在每座剧院的大堂和每一家俱乐部让我丢脸的人，这个在所有餐馆里隔空对我大喊大叫的人，当着我所有重要朋友的面，径直从我的身边擦身而过……仿佛他这辈子从来没见过我——一次都没见过！他就像一个从没见过我的人似的，从我身边走了过去。

当然了，这个男人是当天宫廷里块头最大，也是最引人注目的一位。他手里握着石油和所有帝国希望和他交易的东西，这就是那天他能站在那个位置的原因，可能也是那件珠宝会在他身上的原因！

“你瞧，”在那之后我和几位英国朋友们说，“你完全不知道你的国家将会发生什么。但是乔治国王和玛丽王后知道。他们非常聪明！他们知道得很清楚！这就是你们被称为日不落帝国的原因！”

你应该看得出来，我觉得皇室挺讨人喜欢。

对不起，我一直在讲玛丽王后，但我是真的很喜欢她。在伦敦的时候我基本上一个礼拜能看到她三次，因为我常去的这些商店她也很喜欢去。其中一间店铺的老板，一位老绅士和我说，“你和王后陛下之间有一点不同，如果你不介意我讲的话。不同之处就在于，你看到喜欢的东西，会买下来；但是，你知道，王后陛下来的时候，我们会把最好的货都藏起来，因为她觉得什么都是不需要钱的。”她真是拿了就走。

我在伦敦住过的那些年里，有一天我正在买东西——我想是在买瓷器吧——在南奥德利街的谷兹（Goode’s）商店，谷兹是全世界运营最好的商店。我在里面逛的时候，一个店员过来说，“对不起，夫人，王后陛下要来了。也许你可以稍微避让一下。”

我们当时在一个摆满了便宜花瓶的房间里——都是玻璃做的花瓶。我不知道你有没有去过谷兹商店，那里有很多个小房间，所以墙壁上也会展示很多要卖的东西，于是我就退到后面去了。

她看起来真是很有王后的样子。那天她穿着一套蓝色的衣服，一切都很搭配——浅蓝色狐狸毛和浅蓝色定制外套，还有浅蓝色的蕾丝靴子，加上装饰着浅蓝色羽毛的丝绒帽。我退到了后面。结果，老天爷！是我的衣服或者也可能是袖子，挂住了什么东西——我那天穿了一件裘皮粗花呢外套——碰倒了一个玻璃花瓶，然后每一件玻璃制品都碰倒了和它相临的一件，最后所有的花瓶都掉下来摔了个粉碎。我站在那些碎片中间，就像是一尊钉在墙上的耶稣受难像。当时的情景实在是……太……可怕了！王后从我身边走过，看了看我，神情好像是在说，“看来，最近这些日子有够我们忙的了！”于是，她就那么径直离开了，什么都没说，但她对我笑了笑。她可能以为我是个能干的女管家，正在忙着打理我的小房间。

她总是穿一切都搭配好的衣服。她的那顶羽毛装饰的丝绒帽，你知道玛丽王后戴的那些装饰着羽毛的丝绒帽吧。还有狐狸毛皮，定制的外套，然后是靴子。都是一样的颜色：浅蓝色、浅紫罗兰色，有时是奶油色，或者白色、浅绿色和浅玫瑰色。每种不同的颜色她只有一套。

于是回去之后我和父亲说，“猜猜我今天下午看到谁了——玛丽王后！”然后我形容了她的样子。

我父亲说，“我从来就受不了泰克家的人[1]！都是流浪汉[2]！”他们解散了整个家族，你知道的，都是德国人，然后我父亲就开始了下一个话题。

我觉得她很了不起。我真的觉得她很好！她的马车是那么漂亮！她一定每天都非常累——要去那么多的集市，你知道的，还有花园派对，还有其他的地方。但我并不觉得那很无聊。所有你想要的东西都能拥有，没有人妨碍你做任何事，所有的事都能办成，这有多好。而你只做那些你能做的事，而且也做了很多，然后你还会要求做更多的事。我真希望自己就是伊丽莎白一世(Elizabeth the First)[3]。她真是好极了。她总是让诗人和作家围绕在她的身边，她住在汉普顿宫，养了一小群长着斑点花纹和长长尾巴的小马。小马的鬃毛和尾巴都被染成了和她头发一样的颜色——你知道的，皇室的颜色——红色！她统治着小英格兰，做着帝国的大梦！在我心中她的位置排在第一。我喜欢她的衣服。她穿衣服要花四个小时——我们有很多的共同点！不，我完全不介意做个人民公仆：挣得多，住得好，别人对你也都很好。不，一丁点儿都不介意，相反这正合我意。

---

1 玛丽王后的父亲是泰克公爵（Duke of Teck）。

2 玛丽王后的祖父母于1835年在维也纳结婚。玛丽王后的祖母为匈牙利贵族，是非皇室成员，而其祖父是皇室成员。按照当时的法律，这段婚姻被定义为“贵贱通婚(Morganatic marriage)”。

3 伊丽莎白一世（Elizabeth the First，1533—1603），都铎王朝最后一位君主，英格兰与爱尔兰的女王，也是名义上的法国女王。

我和你说过温莎公爵（Duke of Windsor）[1] 在红磨坊里的那间浴室吗？有一次吃过午餐之后，公爵夫人 [2] 对我说："跟我上楼来，给你看样东西。"

1　温莎公爵（Duke of Windsor，1894—1972）爱德华八世是玛丽王后的长子，于 1936 年初继任英国国王，因与美国辛普森夫人的恋情于同年年底退位，并随后成为温莎公爵。

2　沃利斯 · 辛普森（Wallis Simpson，1896—1986），生于美国，与前夫离婚后与英国国王爱德华八世交往，因爱德华八世欲娶她为妻，此举违反英国王位与英国国教继承规定，爱德华八世遂退位，将王位禅让予其弟乔治六世。后爱德华八世改称温莎公爵，沃利斯也获得"温莎公爵夫人"头衔。

于是我就看到了公爵的浴室，不太大……但是挺宽敞。浴缸上面盖着木板，很显然是找人定做的——用来当桌子一类的东西。上面堆满了纸、纸……纸，都是纸！还有账单，另外就是一些和高尔夫球有关的小东西。公爵夫人说，“看看这一大堆！是不是很可怕？”当然，她说得对——那就是一堆乱糟糟的纸片，很英国。奇怪的是这堆乱七八糟的东西出现在拥有世界上最好管家的房子里，他们的家里有十多个女佣，每天不间断地整理打扫家里的所有东西。在这间房子里你可能会期待看到任何东西，但绝对猜不到会有一张那样的桌子！于是我们两个都大笑起来。公爵夫人说，“看看这些东西！我能怎么办？”

突然之间公爵出现了：“你们两个在这里干什么？！我可不可以请你们两位女士立刻滚出去！这里是我的浴室，这是我的桌子。”

于是他把我们两个都赶了出去。我们什么都没碰，只是带着惊讶的神情在里面看了看。对了，那浴室里还有个淋浴喷头，但是喷头不在浴缸里面。哦，我敢说他一定用那个喷头洗过澡。喷头旁还有一扇玻璃门，所以水不会打湿他的那些纸片。哦，我敢肯定他是用淋浴的。在公爵的身上看不出一丁点儿不干净的地方。老天爷！我们都很了解英国人，我觉得他每天会洗两次澡。

我第一次见到公爵本人是在长岛举办的一场马球比赛上，那是20世纪20年代，那时候阿根廷人还在这里——公爵当时还是受人景仰的威尔士王子，万众瞩目的王位继承人。“我的选择是正确的吗？”退位之后，公爵一定会在他生命里的每一天这样问自己很多遍。这个问题也同样折磨着公爵夫人。有天我到了巴黎，公爵夫人给我打来电话说，“噢，黛安娜，我知道你刚到巴黎，但是过来和我一起吃晚餐吧，我就一个人。”这是公爵去世之后的事情了。我去了他们在讷伊（Neuilly）[1]的房子。公爵夫人看上去漂亮得有些过了头，她站在花园中央，穿着一件绿松石色的风帽外衣，上面点缀着黑色和白色的珍珠——简直太漂亮了——还戴上了她所有的蓝宝石珠宝。她是那么地深情款款，是一位亲爱的友人——你知道的，这很少有。女人之间通常很少是这样的朋友关系，男人与男人会相处得更好。至少我是这么认为的。

晚餐之后我们两个聊着天，只有我们俩。她看着远处，突然抓住我的手腕说：“黛安娜，我一直和他说，不要退位。他一定不能退位。不，不要，不要！我说了，不要，不要，不要！”接着，在思绪片刻游回 35 年前之后，她突然又回到了现在；她收回了视线转头看向我，我们又像之前一样聊起天来。

第一次见到她的时候，我正在伯克利广场附近做女士内衣的生意，那是我的第一份工作。地方是在一个朋友以前用来停车的车房里。停车房的上面一层是空着的，于是我就把商店开在了那里，打理一切。我那时总是会在巴黎寻找一些布料或者设计……我请了一些女工来店里做一些缝纫工作，但是最漂亮的缝纫活，都出自伦敦的一间西班牙修道院，我也曾在那里花掉不少的时间。在我的人生当中，有那么短短的一段时间，完完全全花在了修道院里。每天下午我都要去见修道

1 讷伊（Neuilly），巴黎近郊的富人区。

院院长。“我是要卷边的！”我说，“不要滚边，我要卷——边的！”

啊！你可不知道我们用的布料！你都不知道它们有多么地华丽漂亮……我是说，像我朋友莫娜·威廉斯（Mona Williams）[1]这样的人，会花掉五千美元买床单——当然了，这是一大笔钱。她喜欢收集床单，而且会把它们放在装亚麻的柜子和箱子里。她像对待最漂亮的法式礼服裙那样对待它们。当然了，她的睡袍也是一样的……

有一天，沃利斯·辛普森来到店里，我当时还不算真正认识她。我们刚到伦敦的时候，第一次遇到她是在大使馆举办的宴会上。她当时穿得还不太好。她不属于那种你们所说的时髦的人——一点都不时髦。那时候我们还没成为好朋友。但是有一天她邀请我一起吃午餐，我就去了。我之前从没吃过那样的午餐，当天在桌上的所有人都说他们从没吃过那样的午餐。她那个时候就是这样安排午餐的，端上来的食物永远是最不寻常的，也是通过这样她确立了她在伦敦的宴会女主人的地位，也就是在那个时候她来到了我的店里。

她完全知道自己想要什么。那次她订了三件睡袍：先是件白缎子睡袍，仿薇欧芮的款式，用了斜裁的方式，往头上一套就穿上了。第二件的原版是我在巴黎从一个漂亮的俄国女人手上买下的。所有那些漂亮的女士内衣[2]都是俄国人做的，因为在流行奢侈的年代，他们是唯一见过奢侈长什么样子的人。那睡袍的脖子部分是一瓣一瓣的，非

1　莫娜·威廉斯（Mona Williams，1897—1983），美国社会名流、慈善家、时尚偶像。她是第一位被包括可可·香奈儿在内的时尚大师评为“世界最佳穿着女郎”的美国人，还曾被提名进入“国际最佳穿着名人堂”。

2　原文为法语：lingère。

常独特，也是斜裁的，人走动的时候就会泛起涟漪。第三件是漂亮的中国绉纱料。两件浅蓝色，一件白色——一共三件。

那时她已经离开了前夫厄内斯特·辛普森（Ernest Simpson）[1]，那时候她还是一个人。没有人资助她，所以那次购买是笔很大的开销。那几件睡袍是为一个非常特别的周末预备的。当时的威尔士王子已经注意到了沃利斯·辛普森。

她给了我们商店三周的时间来完成工作。“就是这一天要！”她说，“截止日期就是这天！”一周后她又打来电话问：“那几件睡袍做得怎么样了？”后来到了第三周，她就每天都打电话过来。

她当时正预备和她的王子在贝尔维德尔堡（Fort Belvedere）单独共度第一个周末。

紧接着……在转眼之间，她就拥有了全伦敦最漂亮的衣服，住上了坎伯兰联排住宅区最棒的房子，房间里堆满了白色的丁香花，还有燃香和其他东西。

有天晚上我和我的老朋友埃德温娜·德兰格（Edwina d' Erlanger）一起晚餐——只有我们两个人。晚餐后我们说起 1930 年代我们一起生活在伦敦的日子。“哦，埃德温娜，”我说，“我们当时是有多么迷恋威尔士王子啊！”

他真是一位光彩夺目的王子。如今，过了这么多年，再这样说起……听起来有点伤感。但是你得明白，我们这一代的伦敦女人——

1 厄内斯特·辛普森（Ernest Simpson，1897—1958），伦敦船舶经纪人，辛普森夫人的第二任丈夫。

所有的女人——都想和威尔士王子恋爱。

那天晚上我给埃德温娜讲了个故事，之前我只对里德讲过。那时应该是1930年，因为我记得那一年里德要在纽约处理生意，我一个人待在伦敦家里。有天晚上，一个朋友打算带我出去吃晚饭，然后一起去柯曾街一间很棒的电影院看电影，那里需要打电话预定电影票，而且去那里的人都彼此认识——去那里看电影是件很时髦的事，但重要的是你要准时到达。我的朋友预备晚上八点钟来接我。

到了晚上八点，他没有来。八点十五分，我站在防火梯前面张望着。我有点不敢相信，因为我的朋友就像那个时代所有的英国人一样，一贯非常准时。接着到了八点半，我和管家科林说请他把我的晚餐用托盘端出来。科林真是一个很棒的管家——有时他的预言准得不可思议——他建议我再等一刻钟。

差十分九点的时候，走进来一个男人，看得出他从当天早上起就没有刮过胡子，领带歪斜着，领子也是皱皱巴巴的。在夜里差十分九点的伦敦，你基本看不到一个男人是这副模样。

我倒不是说他应该打上一条白色的领结，但他最好看上去干干净净——而且要守时。

“黛安娜，”他说，“今天真是我这辈子最糟糕的一天。早上九点钟，我被叫去了白金汉宫，去见国王和威尔士王子。我和他们待在一起，接着吃午饭，喝了红酒……我们聊了聊天——非常勉强地聊了聊。然后……”

和我说这些的这个男人现在已经去世了。他是个非常吸引人的、帅气的男人，叫福瑞迪·梅特卡夫（Fruity Metcalfe）[1]。他是威尔士王子的副官[2]，曾经是个马球手，是王子亲自从印度挑选出来的；他娶了英国外相柯曾（Lord Curzon）的小女儿，你知道，就是芭芭（Baba），亚力山大夫人（Lady Alexander）。他每天没有什么太多的事做。有一次我问他，"福瑞迪，你早上都做些什么？"

"穿衣服。"

"是吗？我也是。"

"嗯，他们会把我的领带都摆出来，我得自己挑领带。"

不管怎样，他曾经当过威尔士王子的副官。那天他跟乔治五世国王还有王子共进午餐的原因，是因为王子希望有第三个人在场，乔治国王绝对是个让人害怕的人。除了在英国国会上议院之外，国王从来没在公众场合发过言，但是如果哪次他发言了，绝对是个晴空响雷……

所以你能想象得出，当威尔士王子看着国王的眼睛，告诉他无论如何都不会接替他执政的时候，那一刻是有多么地戏剧化。

这件事发生的时候，他还早没有遇到沃利斯·辛普森，所以他并不是为了和自己心爱的女人在一起才放弃的王位。你没听过比这更糟糕的事了吧？之后足足有五年或者六年的时间，我甚至连里德都没有告诉。我害怕自己一旦告诉他，就会还想要告诉别人。

1　爱德华·杜德利·梅特卡夫（Fruity Metcalfe，1887—1957），人称福瑞迪，印度军队军官，也是威尔士王子的副官和密友。

2　原文为法语：aide-de-camp。

现在你再回看当时，一切事情的发生都是那么地合理。一来，威尔士王子生来就是个很现代的男人。我不确定他是否真的相信君主制度，我并不是说他不爱英国，那绝对是毋庸置疑的。

有一次我去了纳伊，在巴黎的郊外，去参加一个盛大的晚宴。我穿了一双白色的缎面便鞋。我从没见过那么大的雨！那雨水简直是从天上泼下的，落到地面再溅起来。公爵本人站在门口，简直是帅极了——他和另外两个男佣一起——看到我从车子里挣扎着钻出来，他笑得很大声。我走了进去，浑身湿透了，完全湿透了，我说，“公爵，瞧瞧您的国家！”意思是法国下的雨太多，至少在那一会儿下了太多，接着他的整个表情都变了。

“我的国家?！”他……一下子非常地……生气……因为我说法国是他的国家。噢，他可没在开玩笑！当然了，很快他就恢复了原样，还是一副非常迷人的样子。但是那个时候我或许触碰到了他的底线。

在爱德华王子继任了国王，但紧接着又退位的那段日子里，我和里德已经不住在英国了。但是我妹妹的姐夫，佩里·布朗洛勋爵（Lord Perry Brownlow）[1]，在这件事当中参与了很多。他是爱德华的宫廷侍从，意思是在一天当中无论早晚，国王都有可能会找他。但是这种事自然很少发生。他也会被邀请去参加晚宴，就像我邀请你来吃晚餐一样。国王不会跟着他到处走。然而，就在那个历史性的时刻，当国王真的需要布朗洛勋爵的时候，他们在哪里都找不到他了。最终，他们

1 佩里·布朗洛勋爵（Lord Perry Brownlow，1899—1978），英国的贵族和朝臣。

在土耳其浴室里找到了他。我猜他那天是喝多了，当消息传到他那里的时候，他正在舒舒服服地享受土耳其按摩；他们要他带上一套换洗的衣服，立刻出发到贝尔维德尔堡去。

到了城堡之后，国王直接告诉佩里需要他做的事：先去赴宴，晚餐结束后要立刻带着辛普森夫人开车去南安普顿；在南安普顿他们会以某某先生和某某夫人的名字登上一艘横渡海峡的船。这后来被证明是一个可怕的失误。佩里的脸人人都认得出，因为他一直陪在国王身边，跟着他出入国会、怀特绅士俱乐部等地方。那时候人们也认得出沃利斯·辛普森小姐。她在那个时候穿得并不比我现在穿得夸张到哪里去，但是在她身上有些东西会让你想多看一眼。反正后来他们被认出来了，消息就这么传了出去，他们两个登了船，然后准备横渡海峡……

国王退位差不多六个星期之后，佩里把这件事告诉了我和里德；我们当时在伦敦停留几日。有一天已经很晚了，他打过来电话说："请过来看看我和凯蒂吧。"

于是，我们穿着晚礼服就直接过去了，连衣服都没有换。

"我回来已经两个礼拜了，"佩里告诉我们，"现如今这就是我过的日子：今天我刚一走进怀特绅士俱乐部，里面所有的人就都离开了酒吧。我走在西摩街上，就是我和凯蒂近年来一直住的这条街，如果碰到哪个朋友，他就会立刻走到街对面去。在整个伦敦都没有人想和我说话，没有人——一个都没有。就好像他们觉得我是国王退位事件的同党——共谋！凯蒂不想听我说这个。她一会儿就会去睡觉，但我会把发生的一切都告诉你们俩。”

后来凯蒂的确去睡觉了，一直处于这样的压力之下，她已经精疲力竭。她的丈夫被卷入了一场震惊世界的事件中，除了国王本人和辛普森夫人两位当事者以外，他卷入的程度比其他任何人都要深。

佩里继续说了下去。“我和辛普森夫人横渡了海峡，”他说，“第一晚我们住在法国的鲁昂（Rouen），在一家酒店找了两个房间，就像一对普通的游客在旅行途中那样。在各自房间里待了很久很久之后，辛普森夫人隔着中间的门和我说，‘佩里，能不能请你把这扇门打开？我很害怕。’于是我就照做了。接着她又叫我：‘佩里，你可以睡在我旁边的床上吗？我没办法自己一个人待着。’”

于是他穿着正装走进了她的房间，躺下来拉过毯子盖住自己……接着，突然之间，她哭了起来。“那哭声没有高音低音……纯粹是最原始的哭声。除了躺在她旁边，握住她的手，告诉她我在这里之外，我做不了其他任何事情。”

佩里说，第二天早上国王打来电话。那间酒店很简陋，辛普森夫人必须要去前台接听。那个时候全鲁昂的人都知道她是谁了。他们就站在大堂里，站在街上，站在广场上——足足有好几百人——佩里和他们随行的司机和女佣不得不挡住他们，希望她有一点通话的隐私。

第二天他们到了戛纳。在那里，国王每天会打两三个电话来。线路是有人偷听的，所以他们能听见接进来时的二十多次嗒嗒声。“大家都听得到吗？”辛普森夫人会这样说，“我们现在要通话了。”这是唯一的办法——告诉那些人，我们知道你们也在听。然后辛普森夫人对爱德华说："我们以后再也不会见面了。我会消失在南美洲。"别忘了，在那个年代，一个人的确能完全消失在南美洲。"你不能离开你的国家！不可以放弃！不可以！你命中注定就要承受这些，这是你的命运，是这个国家对你的要求，是过去的九个世纪对你的要求……"

诸如此类。

不管怎样，国王完全不在意这些，后来退位还是发生了。佩里负命从戛纳回到了温莎，他看到了国王的告别。

"爱德华走向玛丽王后，"佩里告诉我们，"吻了她的双手和脸颊。她只是看着他，像一块冰一样冷。接着他和亨利王子，也就是格洛斯特公爵（Duke of Gloucester）告别，又向乔治王子，也就是肯特公爵（Duke of Kent）告别，他们都流下泪来。接着他向新国王，也就是乔治六世国王走去，乔治六世国王当时的情绪已经崩溃了。'伯蒂，振作起来！'爱德华公爵说，'上帝保佑国王！'说完这句之后，他转身走了出去。就这样结束了。"

佩里陪同温莎公爵登上了送他去法国加莱港的战舰。从那里，公爵继续前往维也纳，在那里他住在了一座属于尤金·德·罗斯柴尔德(Eugène de Rothschild)[1]的城堡里。佩里则前往戛纳去见辛普森夫人，并把消息带回给公爵。他告诉我们他大概在早上六点到了那里——太阳刚出来——一个男仆领着他穿过了那座冰冷又空旷的城堡，来到了一个房间。他走进房间，见到了公爵——他看上去就像一个小男生

1　尤金·德·罗斯柴尔德（Eugène de Rothschild，1884—1976），著名的罗斯柴尔德家族第五代成员。

般睡得很沉，初升的阳光照在他的金发上。他的床边围绕着很多把椅子……每把椅子上都摆着一张他挚爱的辛普森夫人的照片。

“那是种痴恋，”佩里说，“没有比那更伟大的爱情了。我在那里和他一起待了两天。现在我回到伦敦，如今这就是给我的报偿——现在我只有自己了。”

我们和佩里后来再没讨论过这个话题。这件事对他的影响绝对是巨大的。就在他把这些告诉我和里德的这段时间里，他在房间里来回踱着步，一定已经超过了五英里。我和里德一直在听他讲，一个字都没说。佩里是一位很有魅力的、博学的绅士，然而就因为他在错误的时间被卷入了一位国王的私事当中，一切就都改变了。

你知道我和里德回到西摩街上已经是什么时候了吗？是第二天早上七点半，天刚大亮。所以我还记得自己当时穿了什么：一条漂亮的裙子，我想应该是香奈儿的——那是在 1930 年代，所以一定是香奈儿的——海军蓝的绉纱料，膝盖以下是白色的玻璃纱。里德穿着晚宴礼服。清晨，我们俩就是那样一副赴晚宴的打扮，走在梅费尔街的上流住宅区。

我从来不讨论政治——那些都在我的理解能力之外。但我确实知道希特勒的崛起——和国王的退位多少算是同时发生的——帝国就这样消逝了。

几年以前，就在电影《纳粹狂魔》(*The Damned*) 刚刚上映的时候，我和卢奇诺·维斯康蒂（Luchino visconti）[1] 在罗马一起吃晚饭。我和

1　卢奇诺·维斯康蒂（Luchino visconti，1906—1976），意大利戏剧、歌剧和电影导演及编剧。

他说，“长剑之夜”[1]行动——这部分他在电影当中处理得非常好——实际上就发生在我当时入住的慕尼黑威尔加来赛腾酒店的上面。

我和里德曾经去过那个可爱的天鹅之国——就是慕尼黑下面的那个山谷——那天的傍晚，我们先赶回酒店换衣服，准备去听音乐会。开始时，我们能听到酒店前面有些骚动——车子、车子，到处都是车子——巨大的奔驰车，车子两边装饰着银色线条，便于街上的人一眼就能看到车上坐的是谁——希特勒新秩序的领袖们。从车子上下来几个罗姆（Röhm）[2]的官员，他们头上都戴着尖顶头盔，佩剑叮当相碰，长长的外套几乎拖到地上，浑身上下都披挂着金属。鞋上的马刺从长外套下面伸出来——当然了，他们当时骑马的机会跟如今你我骑马的机会一样少。街上，一列士兵踢着整齐的正步编队而过——他们的皮靴在硬路面上踏出嗒、嗒、嗒的声音——“嗨！嗨！嗨！”的喊声响彻街道。

我推开人群走进酒店，回到房间的洗手间。“说真的，”里德对我说，“你得注意一下自己。你不能一边说着‘借过，借过，我要去洗手间！’然后一边推开这些人。你得明白我们现在是在别人的国家里，这个国家现在是这群特殊的人在管理。”

当天晚上我们平安无事。其实，我们挺享受那段日子。每天我们都会去乡下，那里闻起来有可爱的甜香味道——在那个时候一切都很

1　“长剑之夜”（Night of the Long Knives），又称血洗冲锋队，发生于德国 1934 年 6 月 30 日至 7 月 2 日的清算行动，纳粹政权进行了一系列的政治处决，大多数死亡者为纳粹冲锋队成员。

2　恩斯特·罗姆（Ernst Röhm，1887—1934），时任冲锋队参谋长，在希特勒谋划的“长剑之夜”清洗行动中被捕并遭到处决。

自然——我们在外面吃野餐，然后又去了疯王路德维希（Ludwig）[1] 的城堡，那城堡真是看多少遍都不过瘾。

路线是这样安排的：先去宁芬堡（Nymphenburg），路德维希就出生在那里。在那里你也可以听到一些瓦格纳（Wagner）[2] 年轻时的故事。

然后去新天鹅堡（Neuschwanstein）。下汽车换马车，然后你还要下来自己走上一段，因为城堡确实是坐落在一个山头上面。在城堡里面，全部是坦豪泽（Tannhäuser）[3] 的作品——全部都是——而且那座城堡从外面看上去那么美，塔尖在山顶耸立着，就像一根根蜡烛。完全是一个孩子梦想中城堡的样子，没有其他任何一处的乡村能与那个时候的天鹅之国相媲美。草长得齐腰深，城堡上有很多座塔楼，而天是那么地蓝。

接下来——这些都是路德维希生命中的几站——下一站是林德霍夫宫（Linderhof）[4]，那里简直太漂亮了——也堪称世上最糟品位的一个典范。在晚餐桌的一头你会看到一个巨大的金制王座。在那王座上，穿着貂皮的路德维希，会和一群知名人物的大理石半胸像一道用餐。可能是路易十四（Louis XIV）[5] 和曼特侬夫人（Madame de

---

1　路德维希二世（Ludwig II，1845—1886），被称为“童话国王”“天鹅国王”“疯王路德维希”，以对艺术的狂热追求而著称，兴建了包括新天鹅堡在内的数座城堡。

2　威廉·理查德·瓦格纳（Wilhelm Richard Wagner，1813—1883），19 世纪欧洲最著名的德国浪漫派作曲家之一，同时又是一位影响巨大的歌剧改革家。

3　坦豪泽（Tannhäuser），德国 13 世纪云游诗人。

4　林德霍夫宫（Linderhof），路德维希二世在位期间唯一完工的一座宫殿。

5　路易十四（Louis XIV，1638—1715），人称太阳王，是法国波旁王室的君主，从 1643 年起作为法国国王和纳瓦拉国王统治国家，直到 1715 年去世。

Maintenon)[1]，也可能是路易十五（Louis XV）[2] 和蓬帕杜夫人（Madame de Pompadour）[3]……或者是与当晚他感兴趣的任何一对人物一道用餐。他们的半胸像被摆在椅子上。餐桌是通过地面上的一个大洞升上来的，食物都已经摆好，所以用晚餐的时候佣人不必出现。晚餐送上来，他们开始用餐；当然他们之间会有愉快的对话，疯王路德维希和他的那些半胸像——三个或者几个吧[4]，一起聊一聊，然后到了午夜，他就会丢下他们走到外面去。每次他路过花园里玛丽·安托瓦内特（Marie Antoinette）[5] 的雕像时，都会脱帽鞠躬行礼。当然了，他们都是贵族。接着他就会溜达到乡间，因为他睡不着。我曾经看过他的一幅非常精彩的油画，路德维希一个人坐在一个被八只孔雀拉着的雪橇上——两个一排，两个一排。我不觉得路德维希真的这么做过——无论是谁为他画了这幅画，都比路德维希本人更疯——不过画出来倒是挺漂亮。

另外，在林德霍夫宫，那里有一扇小门，穿过那扇小门，你就到了宫殿后面的水帘洞！洞里的光线实在是太美了，路德维希会乘着一只金色贝壳形状的小船，漂在水面上；而在一处高台上，管弦乐队演奏他们会弹的所有瓦格纳的曲子，一小时接着一小时地演奏下去……

1　曼特侬夫人（Madame de Maintenon，1635—1719），法国国王路易十四的第二任妻子。

2　路易十五（Louis XV，1710—1774），被称作“被喜爱者”，太阳王路易十四的曾孙，作为法国国王在 1715 年至 1774 年期间执政。

3　蓬帕杜夫人（Madame de Pompadour，1721—1764），曾经是法国国王路易十五的情妇。

4　原文为法语：tous les trois or tous les whatever。

5　玛丽 · 安托瓦内特（Marie Antoinette，1755—1793），法国国王路易十六的王后，法国大革命前的最后一位王后。

然后……就是海伦基姆宫（Herrenchiemsee），应该说，是他最“经典的”时期——同时也是一切都结束的地方……他想建造一座比凡尔赛宫更精美、更宏大、更壮丽的宫殿。他那个时候已经完全失控，他和那些大理石半胸像共进晚餐的时候聊了太多。

我想有句话是歌德（Goethe）[1]说的：“一个疯子的光荣，只有另外一个疯子懂得。”这句话很美，但恐怕是我编出来的。如果是我来写，肯定比他写得好。

我们在慕尼黑的乡间就过着这样的日子。傍晚的时候我们就会回到威尔加来赛腾酒店，晚上我们会听一听音乐，那里的音乐总是那么好——毕竟世界上最好的音乐在德国。接着星星出来了，我们听着这样的音乐……那时的日子就像美梦一场。

我们的这场美梦与我们遇到的那些横行霸道的荒诞小丑的对比，是多么地强烈……

有天早上，我从伦敦带来的女佣朱莉（Julie），很晚才把早餐送过来，她瑟瑟发抖地抽泣着：“夫人、夫人、夫人……今天我们必须得离开这里。”她说。

“你说‘今天离开’是什么意思？”我问，“你知道的，我们还要在这里多住上四天——而且你也很喜欢慕尼黑。”

“夫人，求求你了……酒店里发生了可怕的事！”

1　约翰 · 沃尔夫冈 · 冯 · 歌德（Johann Wolfgang von Goethe，1749—1832），德国作家和政治家。作品包括小说、史诗和抒情诗，散文和诗歌戏剧，回忆录、自传；文学和美学批评，以及植物学、解剖学和色彩方面的论文。

“好吧，如果有那么可怕，你可以告诉我发生什么了吗？”

“就是可怕的事——我也不知道是什么！但是一走出房间我就知道了——今天早上我两次准备给你端早餐——所有的事情都在等着。在我们这一层的上面三层，有事情发生。上面出事了。”

“好了，朱莉，没什么好害怕的，只要你还能从这个房间走出去——”

“噢，夫人，夫人……”

“好了，朱莉，打起精神来，继续做事吧！”

于是她帮我穿好衣服，我走到外面去，一切看上去都很正常。但是朱莉却越来越沮丧，连个挂钩都扣不上了。她是个非常敏感的法国女人，不会开随意的玩笑。她也知道自己的状态很糟糕。

于是我们就提前回伦敦去了。十天之后，《泰晤士报》刊登了当晚发生在威尔加来赛腾酒店楼上的谋杀事件，死了十四个人！就是罗姆政变的当晚——就是“长剑之夜”的当晚，清算行动在德国全国范围爆发了。

我这辈子从女佣的身上学到了不少东西。

你还记得《纳粹狂魔》电影里军官们躲在女人裙子下面的那一幕吗？埃尔西·门德尔给我看过几张照片，完全一样的事情就发生在了她的那栋房子里——那些照片是被她那个很棒的老看门人和他的妻子抓拍下来的。他们为她当门房，照看她在凡尔赛宫里的一栋小房子——特里亚农别墅（Villa Trianon），当德国人占领这所房子时，他们留下来了。

首先，你得想象一下埃尔西那栋漂亮的房子。曾经属于路易 · 菲利浦（Louis Philippe）[1] 的一个宫廷官员；在租约当中有一条，允许她可以通过一扇门径直走到凡尔赛宫的花园里——那是一处别人看不到的宫廷院落，远离所有的河渠和大花园，在大众的眼睛看不到的地方。拉开埃尔西菜园 [2] 的那扇小门——你就已经置身在那些自打法国国王时代就生长在那里的巨大橡树树荫下。那些橡树彼此之间相隔非常远，绵羊在底下吃草。你就像一脚迈进了 18 世纪。

现在，想象一下那些德国军官们，戴着头盔，蓄着小胡子，是那么地面目可憎，套着埃尔西的衬裙在她的花园里跑来跑去！不晓得他们是怎么做到的，但是看门人和他的妻子想办法把他们都拍了下来——我猜军官们是醉得太厉害没发现。没有拍太多张，但是那些照片，我可以告诉你，真是一些很了不得的照片。

1　路易 · 菲利浦（Louis Philippe，1773—1850），是 1830 年至 1848 年的法兰西国王。

2　原文为法语：potager。

D.V. 第十二章

让我们把你设想成一个完全陌生的人——同时也是我一个非常好的朋友。这真是个很好的设定。你希望知道关于我的什么事呢？你打算怎么知道呢？

对于我来说，我读过哪些书是可以透露一些信息的。我这一生当中从书中受到的影响远大于其他任何事情给我的影响。从几年前开始——我就不再看书了——我说的是很认真的那种阅读。但我在那之前读的东西，都已经完全留在了我的脑袋里，因为我读完一遍会重读一遍，然后再重读一遍。我在年轻时很认真做过的事情——我的意思是刚结婚的那段时间——就是我自己全心投入学习的阶段。从我 18 岁结婚之后，到我们 1937 年去纽约，在 12 年的时间里——我都在读书。里德会和我一起大声朗读，那是种很好的感觉。朗读的魅力就是——当你的耳朵听到一个单词的时候，会比只用眼睛看它了解更多其蕴含的意义。

我和里德一共有 7000 本藏书，包括我们俩的和我们两个儿子的。我们卖掉布鲁斯特的房子之后，藏书跟着也要被卖掉。当时是交货付现的办法，因为那不是一栋好卖的房子。当时我们太多的时间都待在城里，很难善用那栋房子和它附带的花园。房子有三层，所以才难卖，不过这也为它赋予很多浪漫的色彩。我们决定出售之后，就像其他的事情一样，你就不会再去想了。已经决定了。然后那些可怕的人会过来问，“你觉得对于你来说，眼下是个什么阶段呢？”

“其实，是很多个阶段，”我回答，“有很多感受……”

那栋房子地处偏远，是你能想象出来的最浪漫的乡下房子。我的床顶有 20 英尺高——波兰风格的 [1]。我给房子里的每扇门都漆上了不同的颜色——淡紫罗兰色、淡蓝色、粉色、明黄色——在那个时候我在色彩上很有感觉。但我们很少过去，大概就是因为这个我们才把它卖了。你看，我一直都像个吉卜赛人一样。我的意思是，在我们拥有那栋房子的那段时间里，我先是住在欧洲，接着住在美国，然后回到

1　原文为法语：à la polonaise。

欧洲，再之后又去了美国。记得卖掉房子的时候我对里德说，我永远感受不到其他人对故乡的那种眷恋，对故土的那种情感。我对土地完全没有感觉——一丁点儿都没有。但是出于同样的原因，决定卖掉那些书实在是太疯狂了。

从我开始读书，我就有了几个固定的习惯。首选是俄国人写的书。

托尔斯泰（Tolstoy）[1]！托尔斯泰，自然一直是我最喜欢的作家。《战争与和平》（*War and Peace*）中的娜塔莎（Natasha），她先是目睹了与她有私情的年轻男人亲吻了另外一个年轻女人，接着她看到了一个年轻的中尉，于是跟着他走进了花房并拉住了他的手……每当我想起这个片段的时候，我完全知道她当时的着装打扮。实际上就是大家所说的“娜塔莎裙”。没有文学，时尚要从哪里来？

我也常常读日本书，像《源氏物语》，还有清少纳言（Sei Shonagon）[2]的《枕边书》，自从我第一次读这两本书开始，它们对我来说就代表了日本。之后我又在奥尔巴尼和摄政公园再次读过它们，我特别喜欢这两本书。对于一些人来说，普鲁斯特是他们的信仰，而我有我的《枕边书》。我仍然把它留在我的床边。思绪的迂回，非常吸引人。里面还有优美又睿智的装饰插图。

我在伦敦见到了《源氏物语》和《枕边书》的译者，阿瑟·韦

1　列夫·尼古拉耶维奇·托尔斯泰（Lev Nikolayevich Tolstoy，1828—1910），俄罗斯作家，被认为是有史以来最伟大的作家之一。

2　清少纳言（Sei Shonagon，约 966—1025），日本作家、诗人和宫廷女官，在平安中期，大约在公元 1000 年为太后（佐大子）服务。

利（Arthur Waley）[1]。他是我见过的最帅的男人。他翻译的中国古诗非常细腻："鸟儿飞得高，燕子飞得低，知道雨将至……"只有三四行。你知道这是我的演绎，不是真的诗句……他的版本真是美极了。

我对巴伐利亚和匈牙利产生了兴趣，是通过阅读奇普·钱农（Chips Channon）[2]写的关于维特尔斯巴赫（Wittelsbachs）家族的书《巴伐利亚的卢德维格斯》。我是在伦敦摄政公园里，还有英国下着雨的乡间周末读这本书的。我会躺在床上花上好几天的时间读它，什么也不想。但是书是那么多。我在英国学会了所有的事。我学到了真正的英语。

也许因为我之前像个吉卜赛人一样漂泊，于是我会把正在读的书和当时住的房子建立紧密的联系。有趣的是，我记得最清楚的一段读书的时间，是我们住在瑞士比乌里瓦格酒店的那几个月，当时我们已经离开了伦敦，但是还没有搬到纽约去。孩子们在湖边学校上课，每天下午他们都会回来喝下午茶。我们有一间很大的起居室，有壁炉，还有一张很大的桌子，上面摆满了火腿和鸡蛋；孩子们会在那里吃，里德跟我会下楼去用晚餐。不过在那之前，里德会用他那美妙的嗓音——你知道，他以前是个歌手——为孩子们朗读安徒生的童话故事，还有中国和俄国的古老传说——大声地朗读：此刻正是午夜，白色的北极熊驮着公主去见她最心爱的男人，此刻在她的脑子里只有这

1　阿瑟·韦利（Arthur Waley，1889—1966），英国东方学者和汉学家，坚持不懈地研究东方学与中国学，并致力于把中国古典名著翻译成英文。

2　奇普·钱农，亨利·钱农爵士（Sir Henry Channon，1897—1958），英国保守党政治家、作家和日记作家。

个念头，她是一位真正的公主。北极熊是白色的，冰是蓝色的，天空也是午夜的深蓝色……

我在瑞士乌希（Ouchy）的水边度过了一段很快乐的日子。我的床正对着勃朗峰。每天晚上我都会在窗帘之间留一道缝，这样第二天一早醒来我就能看到勃朗峰。有的时候——当时是冬天，上面的雪积得非常、非常厚——山峰就会镀上一层粉红的釉色。有的时候上面也会镀一层蓝色的釉色。因为光线的改变，云也在天上快速地变化，我会坐着看粉红色和蓝色在一天之中的变幻。每一天都截然不同。我还记得自己在想，这多像我的性情啊——这也多像每个人的性情啊。勃朗峰上光线的变幻揭示了构成我们每个人的那些东西。我的意思是，那些阴影、色彩、起起落落和惊喜……就如同我们在这个世界的成长过程。

我想人们往往忘了我是有家庭的这件事。在伦敦的时候，每当人们谈到我，永远不会认为我是有孩子的。他们认为我只是在做和服装有关的事——我确实是，但我和家人之间的关系非常紧密。虽然我确实很关心我的两个儿子，但我和他们并不是那么近。当时我有个英国保姆，还有一个全伦敦找得到的最好的法国保姆，所以她们总是讲法语。在一定程度上——对我的两个儿子来说，那是非常传统的成长环境。

星期三是两个保姆的休息日，于是下午就是我和两个儿子相处的时间。如果天气好，我会带他们到马路的那一边，去摄政公园里的动物园，那里有花和鸭子。蒂米和弗雷基就会径直去看他们的大猩猩朋友。孩子们认识那里的管理员，所以我们会直接走到笼子后面，管理员就会把大猩猩带出来。他会把我们跟三只很大的大猩猩单独留下……而且是在笼子外面！我曾对自己郑重发誓，永远不让我的孩子知道这世界上存在任何不美好、不纯洁，或者做不到的事情。所以，大猩猩是善良的动物，我就得坐在那儿，眼看着大猩猩们对我那相比之下简直像迷你玩具般的两个儿子拍拍打打。我的儿子们坐下来，双臂环抱着大猩猩，不时地亲亲它们……和那些大猩猩相比，你可能会更让他们害怕。

如果那天下雨，我们就会去杜莎夫人蜡像馆看那些被砍掉脑袋的人。他们看那个没关系，没什么不可以看的。人都有一死！我能说的就是我的两个儿子的成长环境都非常健康，后来他们度过人生的方式也一样。他们从没害怕过任何东西……无论是看得见摸得着的东西，还是什么稀奇古怪的东西。

在他们房间的墙壁上——他们都有自己的房间，这非常重要——我都挂上了世界地图。当里德和我要出国几天，去类似突尼斯或者巴伐利亚草原这样有趣的地方时，我就会在地图上给他们指出准确的地点。倒不是说他们对那些地方有多感兴趣……但是他们可以对那个地方产生一个概念。他们的成长从来没有被束缚在任何一个地域性的地理概念里。

像我这样从来没有接受过正式教育的人，会渴望任何事情……只要不是那种需要坐在学校教室里，听铃声指挥的那种就行。我已经下了决心，我的孩子不能那样子长大。

在伦敦的时候，我们把孩子送到了吉布斯先生的学校去，那里非常好，非常传统。他们在四五岁之前就学会了读和写，这点很重要——所有的孩子都应该这样。就像耶稣会会士们说的，“把孩子交给我七年……”

蒂米八岁的时候，我们把他送去了瑞士的一所学校。我当时很不情愿这样做。但是我们没有把孩子们留在伦敦，因为那个时候的孩子，只有得了肺结核病或者因为别的什么其他原因才不去上寄宿学校。

我们搬去美国之后，孩子们的教育就没有花那么多钱了。他们两个上了格罗顿学校，都有奖学金。我和他们说：“爸爸工作，妈妈也工作……”，给他们点压力没什么不好！

从很多方面来看，我都是个很传统的家长，尽管可能我看上去并不怎么传统。我还记得去格罗顿学校看孩子们。我自然要穿得非常显眼，而且像现在这样涂了很红的胭脂。第一个看到我的小男孩说：“弗里兰夫人，您好。”

“你好，”我说，“告诉我，你是怎么知道我就是弗里兰夫人的？”

“因为，”他回答，“蒂米和弗雷基说过，‘如果你见到个长着一对红耳朵的女人——那就是我们的妈妈！’”

我不认为他们有多介意这个，最终你得学会和父母相处。在伦敦，人们还热衷于玩各种室内游戏的时候，我们玩了一个游戏，你会选择谁当自己的父母。有一次，我记得，有个人很聪明地选了墨索里尼（Mussolini）[1] 和翡翠 · 库纳德（Emerald Cunard）[2]。结果引发了现场的激烈争论……都没有机会轮到我说。但我记得自己对他们说："知道有那样的父母意味着什么吗？你会是被丢进水池里的那枚最小的硬币！"

我自己并没有准备好一个聪明的答案。如果我有机会说的话，我知道自己会选择我父母原原本本的样子。

我还有一对很好的教父和教母。他们真是胜过这世界上的一切！我跟你讲过贝贝 · 贝尔 · 亨尼韦尔。鲍勃 · 钱勒（Bob Chanler）是我的教父——我叫他鲍勃叔叔。他喜欢画画，客厅前面就有一幅他画的可爱的画。他个子很高，在他的灰色卷发上面永远会沾着颜料——金色和银色的颜料。他经常来我们家，非常地兴奋，头发是绿色的（可能是假发），对我们大喊大叫。他很喜欢追求姑娘。我父亲曾经为他的其中一次婚礼当过伴郎。他非常有迪亚吉列夫舞蹈学校的那种"大家乐起来吧！"的个性。他在十九大道上有一栋漂亮的房子。

鲍勃 · 钱勒有次曾经说："把孩子们送过来吧，他们可以在这儿吃午饭，还可以在花园里玩儿。"于是我们就过去了。没人应门铃。瞧瞧！我们能听得到房子里的铃在响，但是没人应门。终于，门打开了一条缝，是个中国厨师。他向我们表明自己的身份："鲍勃先生的厨师！鲍勃先生的厨师！"他看上去吓坏了，不停地在说，"很大、很

1　贝尼托 · 阿米尔卡雷 · 安德烈亚 · 墨索里尼（Benito Amilcare Andrea Mussolini，1883—1945），意大利法西斯独裁者。

2　莫德 · 爱丽丝 · 伯克（Maud Alice Burke，1872—1948），后来被称作翡翠 · 库纳德，是一位出生在美国，活跃于伦敦的社交名流。

大、很大、很大！”摊开双手好像在给我们看一条巨大的鱼。结果后来我们才弄明白，是房子里有一条大蟒蛇跑出了笼子。前一天晚上出了一些事情，结果大蟒蛇跑掉了，在房子里游走，还没有找到。我们立刻离开了。之后我们也一直没弄清楚是不是鲍勃叔叔也跟着一起溜走了。我想当时那房子里就只有那个中国厨师和那条大蟒蛇。

我另外还有一个教父叫亨利·克卢斯（Henry Clews）[1]。他的几任妻子要么是著名的大美人，要么就是大家闺秀。他来吃晚饭的时候，一定要坐摇椅，因为那就是他的风格。他只是不喜欢那种靠背很直的椅子。有时候，他也会戴着帽子吃晚餐——是一顶漂亮的、松松的、黑色浅顶软呢帽。

他是我父亲在这世上最好的朋友。我的父亲可能有 35 年没有见过他了。所以在我父亲快到 90 岁的时候，决定跨过“大水塘”，也就是大西洋，去法国南部的拉纳普勒（La Napoule）看望这位老朋友。

我父亲在一个清早到了里维埃拉（Riviera），但是没有人来接他。他自己想办法找到了亨利那座在地中海狭长岩颈上的壮观的城堡。到达之后，他被告知：“达尔泽尔先生，陛下将会在下午三点差一刻时接见您。”这样的事情发生了四次，直到我父亲终于明白这个人脑子有点问题——这他可不喜欢。没有事情可做，于是他在花园里散步，也吸了香烟，还回到自己的房间里待了一会儿，他回到自己的房间待了有两三次。之后他又下楼来，终于，有个仆人向他走了过来——可

1 亨利·克卢斯（Henry Clews，1834—1923），美国金融家、作家。

能是非常可靠的那种——然后对他说，“先生，请您跟我来王座厅，陛下将会在那里接见您。”

于是我那可怜的父亲就去了“王座厅”……我想说，就像是带着一个小孩子进到豹子笼里去。有两个人坐在王位上——打扮得像是要去赴晚宴，都戴着王冠之类的东西——接着克卢斯夫人走下她的王座说道：“弗莱德！见到你真是太好了。我和亨利都很高兴。请坐吧。几分钟之后我们会用一点午餐。”

这个时候我的父亲已经吃了差不多四顿早餐了，他并不觉得有趣，一丁点儿都不！于是他向他们借了一辆车子，晚餐之前就离开去了巴黎。没办法再待下去了。他已经不是适合开这种玩笑的年纪。回来之后他对我说：“你瞧，亲爱的黛安娜，如果亨利说，‘你看，这就是我在里维埃拉搞的一个恶作剧。我弄了一座漂亮的城堡……我们俩在这里享受生活。我们这个年龄的大多数人都没有时间享受生活，但是我们还可以！和我们一起吧！’”——那样说还好一些。但是他用了那个把戏来捉弄我的父亲，他最好的朋友。不，我父亲一点都不觉得那好笑，相反他深受伤害。当他跟我讲这些的时候，眼睛里充满了泪水。因为，当然了，当你快 90 岁的时候，大多数的朋友已经不在人世了，对吗？我想当时他已经 89 岁或者 90 岁了。哦，真是个难过的故事。但也是个好故事。

第十三章

老天爷，坐出租车可真贵啊！我应该像世界上的其他人一样坐巴士。怎么，你想象不出来吗？我的孙子孙女们也想象不出来。有一次他们讲了个关于我的故事："诺尼娜"——他们这么叫我，就是意大利语里"奶奶"的意思——"有一次诺尼娜跟爷爷去坐巴士，猜猜她是怎么和他说的？'哦，看呐！车上怎么还有其他人！'"

每次我坐巴士的时候，我记得有那么三四次吧，我都要问一下司机车票多少钱。自然整辆巴士上的人都会大笑起来。他们笑得前仰后合。为了解释一下，我就会说，“其实，我不是你们国家的人。我是……中国人！”

可别以为我一直都是这个样子的，我上班的时候，表现得和其他人都一样，我也可以坐地铁。

1937 年，我们回到纽约之后不久，别人给了我一份工作。那时候我刚刚回来，刚到纽约六个星期，当时我花钱的速度就像他们……喝苏格兰威士忌的速度一样快，如果你是个酒鬼的话就能明白。在纽约你根本留不住钱。纽约的生活要比伦敦贵很多。卡梅尔·斯诺当时是《芭莎》杂志的编辑，有一天晚上她看到我在纽约瑞吉酒店跳舞，第二天早上她就打来了电话，说她很欣赏我的穿着——那晚我穿了一条白色蕾丝的香奈儿裙子，搭配了一件波蕾若外套，头上还插着一支玫瑰花——接着她问我愿不愿意接受一份工作。

“但是，斯诺夫人，”我说，“除了伦敦我那间很小的内衣店之外，我从来没工作过。我这辈子还从来没有在一间办公室里工作过，每天吃午饭之前我都不会穿衣服的。”

“但是看上去你对衣服很有见解。”卡梅尔说。

“那确实是，我会花很多时间打扮。”

“好啊，那为什么不过来试试看呢？”

刚开始工作的时候我真是什么都不懂，我一定是把大家都吓坏了。刚刚开始在《芭莎》工作的时候，有一天我突然来了灵感！当时我穿了一条宽松长裤，还有一件香奈儿衬衫，口袋的设计是在里面的，而不是像今天的口袋那样都在外面。我在走廊上拦住一个编辑，对他说："我有个特别棒的主意！"我把他拉进我的办公室。"我们要消灭掉所有的手提包。"

"消灭掉什么？"

"消灭掉所有的手提包。你看看，我现在穿的是什么？我随身带的东西比其他人都多。我有香烟、口红、梳子、粉饼、胭脂，还有现金。但是我为什么要把这些东西都放进一只可能会被忘在出租车或者什么地方的手提包里呢？这些东西都应该放在口袋里。真正能用的口袋，老天爷啊，就是像男装的那种口袋。钱放在这里，口红和粉饼放在那里，梳子和胭脂放在这里。当然了，你得有大一些的口袋，那会非常地时髦。"

接着我告诉他我想要怎么改造整本杂志，让女性读者看看在口袋上可以做什么文章，装上口袋之后的女装会让女人们的身材轮廓看上去多么漂亮，等等，还有走路的姿势——手提袋是如何束缚了女人走路的姿态。

然后，那个男人冲出了我的办公室，就像你求救时冲向警察时的速度一样！他径直冲进了卡梅尔的办公室说，"黛安娜发疯了！你要来管管她。"

于是卡梅尔过来和我说："听着，黛安娜，我想你是失去理智了。你知道手提袋每年给我们带来几百万美元的广告收入吗？！"

当然，她说的是对的。这件事就和从此不让男人们系领带是一样的。国家会陷入赤贫。"今天是你的生日，我给你买了条领带。"帮你照看房子的男人，你送他什么？领带。今天你父亲过生日，你送他什么？送他一条领带。

于是我的工作就这样开始了。我父亲从没提起过我为《芭莎》杂志工作这个话题，因为，显而易见，那是属于赫斯特出版集团（Hearst publication）的。倒不是说我父亲反对女人去上班，而是因为他一直对低级趣味的期刊深恶痛绝。在我小的时候，赫斯特集团出版的任何一份报纸都不许出现在家里。如果哪个女佣被发现偷看了《每日镜报》（*Daily Mirror*）[1]，就会被解雇。没错，被解雇。我去上班之后，他从没问过我做得怎么样，或者我挣了多少钱，或者他们对我好不好……这个话题从来没被提起过——一次都没有——因为他不认可。而且因为我跟米莉森特·赫斯特（Millicent Hearst）[2]还有她的孩子们是好朋友……所以这个话题对他来说根本就不存在。

米莉森特几年前刚刚去世。我不是很爱参加葬礼。如果不是因为她的葬礼很特别，我也不想提，但事实是：她躺在棺材里，脸上十足一副快乐的神情！看上去和她生前一模一样，就是那个在水晶吊灯的光线中，在乐队演奏的气氛里，那个纽约美人的模样。实在是太精彩了。我的意思是，她的样子……简直好得令人难以置信！我一直都很喜欢赫斯特家的男孩子们，因为我为赫斯特家族工作了超过28年。倒不是说我和男孩子们之间有什么工作上的接触——他们甚至连杂志该从哪一边开始读都不知道，但我就是很喜欢他们。于是我走过

1 《每日镜报》，世界上第一份小报；是一份内容以娱乐新闻、体育新闻、八卦绯闻、民生消费、丑闻为主的日报，创刊于1903年，曾经一度是世界发行量第一的报纸。

2 米莉森特·赫斯特（Millicent Hearst，1882—1974），媒体大亨威廉·伦道夫·赫斯特的妻子。

六十七大街的拐弯处，到了米莉森特公寓的门口，比尔·赫斯特（Bill Hearst）说：“你一定得来看看我妈妈。我知道你也许不想看，但你一定要看一看！”他说：“见鬼，他们简直是太厉害了！”

于是我们走进了饭厅。他们总是把这些可怜的人停放在饭厅里！我是想说，那幅场景是我见过的最富艺术性的画面。我这辈子从没见过这样精彩的场景。她躺在棺材里，一切都已经收拾好了。

我只相信火葬——烧得很快的那种火葬。把一切都了结。不过米莉森特·赫斯特看上去真的是光彩照人。

纽约的最后几场有意思的大型派对都是米莉森特主持的。我刚刚认识她的时候，她还住在环河路上的一处城堡里。走进城堡……你能看到四处都是闪闪发亮的盔甲。那是很大一座老式宫殿，米莉森特会站在大厅的中央，爽朗地大笑。如果第一天晚上她的披肩是缀着祖母绿宝石的，那么第二天晚上她就会换一条钻石披肩。别忘了，那些祖母绿宝石和钻石的个头都有这么大，缀满了她宽宽的肩膀。她可不属于娇小玲珑的女人——她的块头很大！

她本人也非常风趣！如果她想讲笑话，自己就会先开始笑起来，于是让你也跟着一起笑起来，然而笑话还没开始讲。最后笑话讲完了，所有人都笑到歇斯底里。她真的很有感染力。比如，如果应该说“得克萨斯的石油”和“塞夫顿的伯爵”，相反她就会说成是“塞夫顿的石油”和“得克萨斯的伯爵”。她出身在布鲁克林，一直都有布鲁克林的风格。在她身边永远围绕着身居要职的聪明男人。无论是在伦敦还是在巴黎，无论她去哪里，都会受到国家贵宾一般的款待，就像美国的皇室一样。而且她从没打算提高自己的英语水平，她也一丁点儿都不在乎，当然她也完全意识不到自己说话听起来是什么样子的——她自己听不到。她是个热心肠的、健壮又漂亮的金发女人，出生于纽约布鲁克林，环游了整个世界，环游了两次。我想，对于老威廉·伦道夫·赫斯特（William Randolph Hearst）来说，她的个头还是太大了。于是后面就有了玛丽恩·戴维斯（Marion Davies）[1]。

她是另外一种有魅力的女人，和奈尔·桂茵（Nell Gwynn）[2]有点像——之前在街头卖橘子，现在和国王同床共枕。她是最讨人喜欢又有趣的那种伴侣——一个浑身充满了活力和魅力的人……也充满能量。她和米莉森特其实没有太大不同，她们都很精力充沛。

在纽约的时候，那个老小子[3]从来不会从丽兹酒店的顶层上下来——显然债权人们都在楼下等着。但是我常常上去看玛丽恩，那时候她的模样已经大不如前——她的下巴已经有了喝过太多香槟之后的模样，如今这样的下巴已经看不到了，因为现在有整形手术。她是个很有性格的女人——总是在极力保护威廉·伦道夫·赫斯特。他总说，“聪明人永远不会死。萧伯纳[4]和我，我们永远都不会死。”萧伯纳去世之后，威廉自己也老得快要死了。那天早上，玛丽恩给他带了新闻

1　玛丽恩·戴维斯（Marion Davies，1897—1961），美国电影女演员、制片人、编剧、慈善家。

2　奈尔·桂茵（Nell Gwynn，1650—1687），英国舞台上第一批女演员之一，曾经是英格兰和苏格兰国王查理二世的著名情妇。

3　指威廉·伦道夫·赫斯特。

4　萧伯纳（George Bernard Shaw，1856—1950），爱尔兰剧作家、批评家、辩论家和政治活动家。

剪报，带来了所有在西边发行的报纸上的消息——赫斯特只读密西西比河以西的报纸——所以他没读到萧伯纳的死讯。

有一次，玛丽恩问我是不是在床上吃早餐。我回答，是的。“哦，真希望我也可以，”她说，“那感觉一定很好。可是我必须得立刻起床。”

“为什么？”

“因为……”她答道，“他说这样会招来老鼠。”

于是那个老小子死的那天，我的脑袋里看到了这样一幅画面：玛丽恩坐在酒店漂亮的床上，悠闲地吃着早餐，在她的四周……围满了小老鼠！这幅画面从没有离开过我的想象，直到现在我还能看得很清楚。

我从没见过那个老小子。不过有一次，我刚刚开始为《芭莎》杂志写《为什么不？》（*Why Don't you*）专栏的时候，他叫人送来一张亲笔写的字条：“亲爱的弗里兰小姐，阅读你的专栏总是很有乐趣，我总是一读再读，我非常仰慕你。”我感动极了。谁不喜欢别人称呼你“小姐”呢？你看，他从来没有口述让秘书帮他写过信。他是个非常老派的绅士——因为贵族是从来不用打字机的。

系列专栏《为什么不？》第一次刊登在《芭莎》杂志上是 1936 年的夏天。没有什么严肃的内容。感谢老天爷，我已经记不得太多了。“滑雪之后，为自己准备一件意大利司机式外套，就是深绿底色上面有橘红色线条的那种。”这是其中的一篇。“在你的后备厢里放一只翻毛麋鹿皮厢。”告诉你，这都是一些实用的好点子，在我和里德的布加迪汽车后备箱里就放着那样一只。“给自己织一顶毛线瓜皮帽。把旧貂皮大衣改成浴袍。”其中最吸引读者注意力的建议是关于如何处理没喝完的香槟。“用跑光了气泡的香槟给你的金发孩子洗头，就像法国人那样。”这一篇甚至激发了西德尼·约瑟夫·佩雷曼（S.J.Perelman）[1]的灵感，他在《纽约客》（*The New Yorker*）杂志上写了一篇搞笑的仿文。于是卡梅尔·斯诺给佩雷曼写了封信，告诉他不该这么做，一个年轻的女孩被这样嘲讽是很难过的事情！老天爷啊！当时我已经三十多岁了，而且我自己真是觉得受宠若惊。

一开始，没有人给我建议专栏该怎么写，后来他们和我说，写一写法国名媛黛西·法罗斯（Daisy Fellowes）的女儿跟着两个男人一起，从巴黎的教堂开车逃走的事吧。但是，我一个字都不想写。更何况，当时已经宣战了，感谢老天爷了结了这整桩荒唐事。

不过我很高兴老赫斯特喜欢。

他还在圣西蒙（San Simeon）的时候我从没去过那里。他儿子比尔一再邀请我和里德过去，但我们总是因为这样那样的原因没能成行。老赫斯特去世很久之后，有一天，比尔从旧金山打来电话，告诉我们这是最后一次机会以私人访客的身份去看他们在圣西蒙的房子，于是那次我们就过去了。我记得出发前一天的晚上我打电话给他，让他“一定要把斑马弄出来”。

比尔·赫斯特说，“斑马，老天爷啊，这附近有十年都没看到过

1　西德尼·约瑟夫·佩雷曼（S.J.Perelman，1904—1979），美国幽默作家和编剧。

斑马了！”

我说：“我过来就是为了看斑马的，别的什么都不看。”

你绝对不会相信的——我们到的时候，斑马都出来了，有那么大的一群，从门口两英里长的车道开始，一直延伸到群山那里。比尔·赫斯特可能已经完全忘了那些斑马是属于他的。我们在那里待了差不多两周半，没再见到任何斑马的影子。然后我们回旧金山的当天，所有的斑马又都出来告别，一长列站在路上。比尔·赫斯特惊讶不已。我则认为这和我有关，它们都是为我而出现的。

圣西蒙很招人喜欢，非常漂亮。“但是那里很粗俗，”我的几个朋友都这么说，“你怎么能觉得那里会让人喜欢呢？”

“因为那是一个男人的梦，”我回答，“而且是个美国梦。老赫斯特的那个美梦成真了。就是因为这个，才这样了不起。”

圣西蒙的房子不是为米莉森特或玛丽恩盖的，当然不是了——那是为他自己盖的。想想看吧：一个有着数英亩玫瑰园的男人的城堡，黎塞留式的床。那里只有一处能看到女人的痕迹——在理发室里放着成桶的漂白剂。

我认为女人天生需要依靠男人。女人崇拜男人，期待从男人那里获得什么，而不会想从女人那里获得，世界历史的发展就是这样的。绘画之美，文学之美，音乐之美，爱之美……这些都是男人带给世界的，不是女人。

你应该看得出来，你并不是在和一个女权主义者谈话。我和法国人的立场一致——妇女和孩子排在最后。

你知道每个礼拜我会多少次听到别人提起 1930 年代吗？如果哪天还没人跟我提起过 1930 年代，那么这一天就还没有过去：“噢，弗里兰夫人，你一定会喜欢的——它很 1930 年代。”对于我来说总是有点似曾相识的感觉[1]，当然了，很多事情都是这样的。但关键是，它在那个时候让我觉得有点似曾相识[2]。

1 原文为法语：déjà vu。
2 原文为法语：déjà vu。

你永远没有办法从1930年代学到什么东西。这很糟糕，我从没这么和别人讲出来过。不过也别忘了，我们当时正要经历史上最可怕的战争，而且你能从所有的事情当中感受到。一切都在走向衰弱……我知道，我们正走向一无所有[1]。

不过，我还是很喜欢我那些1930年代的衣服。我还记得自己有过一条艾尔莎·夏帕瑞丽（Elsa Schiaparelli）[2]设计的带有假胸的裙子——那两个滑稽的东西凸了出来。你坐下来的时候，它们就歪掉了……我是想说，那条裙子真是时髦极了。也别问我为什么，它就是很时髦。留在我记忆里的另外一条由夏帕瑞丽设计的裙子是条黑色的紧身裙，后面有一条鱼尾巴形状的拖尾——我把它送给了吉卜赛·罗斯·李（Gypsy Rose Lee）[3]，她穿着那条裙子在世界博览会上表演——每天在T台上表演六次。

我很喜欢我那些香奈儿的衣服，人们说起香奈儿的时候总会想到套装，但那是之后才有的。如果你见过我在1930年代的那些香奈儿衣服——低领子的吉卜赛裙，漂亮极了的浮花织锦，小波蕾若外套，头发上的玫瑰花，透明的短面纱——白天穿的还有晚上穿的！她设计的那些丝带是多么地漂亮。

我记得在巴黎的时候，我的好朋友利奥·德兰格（Leo d'Erlanger）[4]

1 原文为法语：rien。

2 艾尔莎·夏帕瑞丽（Elsa Schiaparelli，1890—1973），意大利时装设计师，可可·香奈儿的竞争对手，二者被认为是两次世界大战期间最著名的时尚人物。

3 吉卜赛·罗斯·李（Gypsy Rose Lee，1911—1970），美国滑稽演员和著名的脱衣舞明星。

4 利奥·德兰格（Leo d'Erlanger，1906—1962），会计师和狂热的航空爱好者。

对我说，“黛安娜，我想送你件礼物。我知道你喜欢衣服胜过这世上的一切，我也知道你喜欢香奈儿的衣服胜过其他任何人的衣服。所以，我要你去香奈儿服装店，去那里买你想要的任何东西。”

于是我就去了康朋街的香奈儿商店，对接待我的女店员[1]——时装店[2]里类似服务员[3]的人——说：“也许我会买一些比以往买的更……嗯……更奢侈一些的衣服。”

这就是我定制的那条裙子：大大的裙摆是交织金属丝面料[4]的，上面装饰着珍珠，所以裙子重得不得了；上身的波蕾若外套饰有镶满珍珠和钻石的花边。在波蕾若外套的里面，是一件非常漂亮的亚麻蕾丝衬衣。我想这是我拥有过的最漂亮的裙子了，后来我再也没有那么为一件礼物而感动了。

接着战争就爆发了。

我和里德先是去了卡普里（Capri），从卡普里回来的路上我们在巴黎稍做停留。我丈夫是个十分了解……女人的男人。他把我留了下来，自己和很多美国朋友一起，登上一条船离开了法国。

“你是说你把妻子一个人留下了，”他们问他——你知道的，资产阶级精神——“留在了一个正在打仗的国家？”

“你看，”他回答道，“我没有理由把黛安娜从她的香奈儿裙子和鞋子旁边带走。如果她没拿到鞋子和裙子，我就没有理由把她带回家。

1 原文为法语：vendeuse。
2 原文为法语：maison de couture。
3 原文为法语：maître d’ hôtel。
4 原文为法语：lamé。

一直如此，也必须如此。”

我一个人留在布里斯托酒店，那酒店当时还比较新——我在那儿待了差不多两周。巴黎非常地安静。当时正是假战（Phony War）[1]。之后有一天，利奥·德兰格从伦敦过来。“黛安娜，”他说，“明天下午四点钟你必须走。我给你弄了一张火车票，火车开往勒阿弗尔，你在那里上船，我给你安排好了客舱位，那船会把你带到纽约。你得离开法国，离开欧洲——这是你最后的机会了，那是最后一艘离开欧洲的有私人客舱的客船。我答应过里德——时候到了，我就要把你弄出去。”

我永远忘不了那个下午，走在康朋街上——是我在巴黎 5 年的最后一个下午。我刚刚在香奈儿店里试过最后一次衣服。我觉得自己没有力气走到下一个路口了，我感到难过极了——我要离开香奈儿，离开欧洲，离开这个世界了……离开属于我的世界。

接着我看到有个人向丽兹酒店走来，他是我的朋友雷·戈茨（Ray Goetz）[2]，是我见过的这世界上最幽默的人。他当时戴着一顶蓝色毡帽。他娶了艾伦·博多尼（Irene Bordoni）[3]。在戏剧界他可是个大人物，是他发掘了那位漂亮的西班牙歌手拉奎尔·梅勒（Raquel Meuller）[4]，就是唱《谁来买我的紫罗兰》（*Who will buy my Violets*）那首歌的歌手。当天下午他本有个机会把我抱在怀里，照顾我一辈子的——当然他自

1 假战（Phony War）指纳粹德国在 1939 年攻占波兰和在 1940 年春天进攻挪威、丹麦之间的那段战争沉寂的时间；英法虽然因为德国对波兰的入侵而宣战，可是两方并没有实际上的军事冲突。

2 爱德华·雷·戈茨（Edward Ray Goetz，1886—1954），美国作曲家、作家和制作人。

3 艾伦·博多尼（Irene Bordoni，1885—1953），科西嘉裔美国歌手、女演员。

4 拉奎尔·梅勒（Raquel Meuller，1888—1962），西班牙语歌手和女演员。

已完全不知道。

“噢，雷！”我说道，“战争太可怕了，不是吗？”

他转过身来，看了我一分钟——其实只看了一秒钟——然后说，“什么战争？”说完他就径直走了，像一个影子。

这多奇怪……永远都是这样。任何一个人都能用一句话给你当头一棒——或者让你立刻感觉一切都好了起来，他当时带给我的就是后边这种。我觉得自己从来没有对任何人类这么心存感激过。

当时是九月。白天开始变短，下午六点钟天就黑了。那天晚上我记得自己和强尼·法辛尼·卢辛驰（Johnny Faucigny-Lucínge）在香榭丽舍大道上散步。天还很暖和，街上人很多，但是也极其安静。我还清楚地记得自己当时穿的衣服：一条香奈儿的定制波纹丝绸[1]小黑裙，头上戴着一小片黑色蕾丝面纱，还有一双漂亮精致得像小孩子手套似的黑色便鞋……可以这样具体精确地形容自己让人很好奇，对吧？但是我总是要想一下当时自己穿了什么。即便是今天，只要我想起了那双鞋，就想起了所有的一切。

香榭丽舍大道有多长？至少一英里，你说是不是？当天晚上我们肯定走了足有十英里的路。餐馆曾经露天摆在道路两侧的桌子都被收走了。没有乐队演奏《马赛曲》——什么都没有。几乎没有人说话。在星空之下，只有几百号人在闲逛，安静得出奇。

当晚我请强尼去我在布里斯托酒店的房间喝上最后一杯。那个时

1 原文为法语：moiré。

候，我出门旅行总会随身带着个旅行箱[1]。哦，简直漂亮极了——当然，是我定制的，里面嵌着一个小小的水晶瓶，我总会留一些白兰地在里面。每个人旅行的时候都会随身带一点白兰地，因为你常常会去火车站，可能需要在下雨、下雪，或者是又湿又冷的天气里等火车什么的。

所以我们上楼走进了房间，我们都非常地疲惫——极度地疲惫，不仅仅是身体上的劳累——我打开了旅行箱[2]，取出装有棕色液体的小水晶瓶，打开瓶塞，倒了点在一只盥洗室的玻璃杯子里拿给强尼，然后又拿了另外一只杯子，倒了一些给自己——当时已经很晚了，我们就没有按铃叫人送酒杯来。我举起杯子拿到唇边……结果喝到的不是白兰地。有人把瓶子倒空又灌了别的东西进去。是茶水——冷掉的茶水！

简直是让人心碎，太沮丧了。我认为那是我这一生当中最虎头蛇尾的一刻。竟然是冷掉的茶水！

1　原文为法语：nécessaire。

2　原文为法语：nécessaire。

第十五章

那些有趣的英国人，他们真是能引发我们一些奇妙的情绪！特别是当他们有了麻烦的时候。想想拥有郎利特庄园的巴斯侯爵（Marquess of Bath），在整个战争期间，他都牵着他的宠物鸭子。他还祈祷炮弹落下来，这样他的鸭子就有池塘游泳了。

亨利·巴斯（Henry Bath）的模样长得还是很不错的——当然是相对英国人来说。他有只可爱的鼻子。那是他年轻时在得克萨斯州驯野马的时候弄伤的，鼻子好了之后还是挺漂亮的。后来他在美国参了军——你听说了吗？和美国佬站在了一边。就像在摩洛哥赌场坐到赌桌的对面去了。人们问他："你为什么在这儿跟美国人待在一起？"他回答道："好吧，别以为我不喜欢英国人——我想说，我自己就是英格兰人。"他确实是。他真是个人物。他是巴斯侯爵，不是什么小巷子里的流浪猫。他的那只鸭子一直陪着他，他们两个一起抬头望着天，只要听到附近有一声爆炸，他们两个就会飞奔过去，看看弹坑能不能存水，好让他的鸭子能在里面游泳。

英国人在他最好的朋友的脸上狠狠抽了一巴掌，但是没关系，因为他的朋友们能够承受。英国，真是个严酷的社会。当然，只有在双方都是英国人的情况下，才能有这种行为。如果一个英国人听到有美国人羞辱了另外一个英国人，往往会强烈反对。英国人永远不会让彼此失望。他们永远不会说"闭嘴！"——这有点太礼貌了——他们会说"我亲爱的先生……"，说得非常慢，然后他们就会走过来直接把你放倒在地板上。

啊，英国人身上的那股子英国劲儿！胆小的英国人！热心肠的英国人！也不要介意那些有一口烂牙的英国人！

1926 年，在我们搬来伦敦住之前，我们会去英国旅行。1926 年的伦敦，是个又大又亲切的小镇——别忘了，当时它推动着整个世界的运转。那时的伦敦还没有今天这种我觉得很棒的不同人种的融合，也没有今天这样来自那么多其他国家的人。在那个时代，你要么是个东区佬，要么是个西区佬——就是这样。接着突然之间，整个国家都罢工了。大罢工。你明白吗，一切都停工了。没有火车，没有出租车，没有电话，没有电灯，没有报纸，没有食物，真的是什么都没了。一片死寂。

大罢工把人们都发动起来了。在牛津和剑桥，年轻人们开始乘火车为伦敦的婴儿们运送牛奶。到后来所有人都有了食物和牛奶，伦敦这座老镇子也运转得非常好。我们发现，那些穿着黑色蕾丝裙的贵妇和贵族遗孀们——那个时代上了年纪的人看上去更老，穿得更老，举止更老，人也确实更老——她们也都在不知疲倦地工作着——比如说在伦敦《标准晚报》（*Evening Standard*）做电话接线员之类的，让日子能继续运转下去。

但是让我对大罢工记忆最深刻的，还是我们开车前往梅登黑德（Maidenhead）的那天。那天我们开了辆敞篷宾利车，我就坐在司机的旁边，结果在路上突然间有个男人径直跳上了车子的踏脚板。

"别害怕，夫人，"那男人说，"一切都很好。但是也许我可以请您……您看，这条路的前面我们刚刚弄翻了一辆巴士车，我想如果您的车子可以稍微调个头的话，可能会更好一些。"

我一直没忘记这件事。哦，我觉得人的行为举止和考虑得是否周全决定了一切。

我很了解英国人。我了解他们的心肠，他们的勇气，他们对什么着迷，他们谈论什么，他们的行事方式还有方法——他们一切的一切。你知道海佛城堡的阿斯特勋爵（Lord Astor of Hever）[1] 吧？他是个非

1　海佛城堡的阿斯特勋爵（Lord Astor of Hever），英国贵族头衔，于 1956 年授予了著名的报纸老板和保守党政治家约翰 · 雅各布 · 阿斯特。

常棒的艺术家。你应该记得丘吉尔曾经说过，所有的英国绅士都学过如何阅读、写作和绘画。阿斯特勋爵本人非常有魅力。我们的孩子也是朋友，但他的那些孩子可真是一群野孩子。有时候孩子们在伦敦城里待得太晚，勋爵就会说："如果你们在这个时间不能赶回海佛城堡的话，我就会叫他们把吊桥升起来。不许你们进来！"于是他们又在伦敦稍微多待了一小会儿，赶回城堡的时候，吊桥已经升起来了。外面冷极了，我应该不需要再和你说英国郊外的夜里有多冷……他们没有地方待。怎么办呢？除了从城堡内部，在外面没办法把吊桥放下来。虽然能拥有护城河是件奢侈的事，但是你站在了错误的一边也是没有用的。幸亏阿斯特勋爵非常热衷于养狗，于是他的孩子们就站在护城河外汪汪叫了起来，这样会引得真狗也叫起来，然后会和他们一起叫，这样就能叫醒阿斯特爵士那个老小子。他会一瘸一拐地——他在"一战"当中失去了一条腿——跛着走过城堡，走过大厅，穿过走廊，穿过那些伟大的盔甲收藏，走过小荷尔拜因（Holbeins）[1]的肖像画，接着是一幅伊丽莎白的肖像，然后是一幅亨利八世的肖像，随后是被亨利八世砍头的几任妻子的肖像，终于他走了过来把吊桥放下，喊道："亲爱的孩子们！"就是这样，这位可爱的老绅士，穿着睡衣站在寒冷的夜里，整个人冻得要死。

后来，当然，很快他就承担不起税金了。对此他什么都没说，离开了英格兰，把海佛城堡留给了大儿子，自己搬到了法国南部，一直

1　小荷尔拜因（Hans Holbein the Younger，1497—1543），德国艺术家和版画家，亨利八世的宫廷画师，被称为 16 世纪最伟大的肖像画家之一。

画画，直到他去世。然后他们就办了一场盛大的拍卖活动：拍卖世界上最精美的盔甲。

我个人对盔甲非常痴迷。我认为武士戴的金属手套是世界上最美的东西。那些金色的手指，还有手腕处的线条。

我总是会在大都会博物馆展览里展出盔甲。你没注意到吗？在《名利场》展览上有个非常漂亮的蕾丝展厅，我在中央的位置放了一副金胸甲。用了浮雕的金子……领口的地方向外喷涌而出的是布鲁塞尔蕾丝[1]，那真是世上最美丽的蕾丝。黄金、钢铁和蕾丝的组合！——再没有什么其他的组合会有这么美。

哦，我真是太爱盔甲了，爱得不得了！我喜欢盔甲组装起来的方式，喜欢在后面装饰着羽毛的头盔。你知道，用的是米兰精编法。你有没有见过倾斜的绿色？那是我见过的世上最美的东西。有次我去德文郡的达汀顿，就是去看那里倾斜的绿色，我这辈子从没见过这么美丽的东西。我不知道那样一片草地有多长，大概有半英里，但绝对是你所见过的最美的一片草地。左右两边都有隆起的地面，就像覆满了青草的巨大台阶——草、草、绿色的草——他们在草地上支起丝绸帐篷，上面缀着流苏和黄金……吟游诗人[2]和民谣歌手[3]在草地上漫步，漂亮的女人们坐在帐篷前面看着。在这片美妙的绿色大地上，有穿着盔甲的骑士们，拉着旗帜，还有很多漂亮的马。你可能想说，“来一

1 原文为法语：point de Bruxelles。

2 原文为法语：trouères。

3 原文为法语：troubadours。

场精彩的足球赛吧。”如果有的话，那一定是世上最美的比赛了。除非你亲自去看，不然就完全无法想象出来，那倾斜的绿色是一幅什么样的景象。全都是绿色的，绿色、绿色，一直延伸到天边。

第十六章

紫罗兰色真的是我很喜欢的一种颜色，但我几乎每种颜色都喜欢。我长了一双用来看色彩的眼睛——也许是我身上最出众的天赋了。颜色完全由色调决定。绿色，比方说，可能看上去像地铁——但如果你找对了绿色……比方说，春天的绿，就漂亮极了。英格兰的绿和法国的绿是最漂亮的春天绿。英格兰的绿比法国的绿稍微深一点，更浓一些……

红色让人清醒——明亮、清爽，给人以启示。红色能让所有其他的颜色变漂亮。我完全想象不出有一天自己会厌倦红色——这就像厌倦了你的爱人。

我这辈子都在追求完美的红色。油漆匠永远调不出来我想要的红色。比如我会这样说:“我想要的是洛可可里面加一点哥特，再加一点佛教寺庙”——他们完全不明白我说的是什么。想要找到最好的红色，可以随便选一幅文艺复兴时期的人像画，去找那里面小孩子头上戴的帽子的颜色。

我讨厌在红色里面加任何的橙色——然而，奇怪的是，我也一样讨厌橙色里面一点红色都不加。我说的“橙色”，不是指黄橙色，而是红橙色——巴克斯特和迪亚吉列夫的那种橙色，改变了整个世纪的橙色。

我也喜欢 19 世纪的颜色。我很喜欢摄政时期男士服装颜色的叫法——浅黄色、沙色、幼鹿色……别忘了还有鼻烟色！老天爷，那个时候他们可真有词儿。今天哪里还有鼻烟色?

巴伦西亚加（Balenciaga）[1] 对色彩最有品位——他的巧克力色 [2]，他的牛奶咖啡色 [3]，他的紫罗兰色、洋红色还有淡紫色。每年夏天，我都会带上四条一模一样由他设计的宽松长裤，还有四件一模一样的套衫去南安普顿。后来……有一年我去了法国南部的比亚里茨。我把那

1　巴伦西亚加（Balenciaga），1919 年由西班牙设计师克里斯蒂巴尔 · 巴伦西亚加（Cristóbal Balenciaga）创建的豪华时装店，1936 年落户巴黎;现品牌译为“巴黎世家”，由一家法国跨国公司拥有。

2　原文为法语：tête de nègre。

3　原文为法语：café au lait。

四条一模一样的宽松长裤铺开，再铺开那四件一模一样的套衫……感觉好像我之前从没仔细看过它们似的！当然了，那是因为那里的光线——巴斯克自治区（Basque country）[1] 的那种有增强效果的自然光线。我从没在其他的地方见过那样的光线，那个地方真的是很偏爱巴伦西亚加。

光线决定了颜色的一切，会受到所在国家的阳光照射方式的影响。越向北走，你对色彩的感觉就越强。我说的不是苏格兰那些灰色调的小石头村子……但是苏格兰的玫瑰是那么红！还有紫石楠——苏格兰蓝色天空下的紫色石楠花……我真是太喜欢苏格兰了。要是我不必在那里过夜就好了——实在是冷得要命。

我不喜欢南方的天空。对我来说，它们……还不太够。虽然我这辈子见过的最美的天空就是在热带，在巴伊亚（Bahia）[2] 的南部——不过后来我在香港又看到了一模一样的天空。在巴伊亚的时候他们告诉我，这世上唯一另外一处有和巴伊亚这里一样特别的蓝色天空的地方就是中国，虽然这两个地方相隔遥远，远得不能再远了。虽然巴伊亚基本就在赤道上，而中国的大部分处于寒冷的北方地带，但是天空的蓝色是一模一样的。那是一种硬珐琅上的冷蓝色，真是美极了。

世上再没有一种蓝色像温莎公爵的蓝眼睛似的那么漂亮。我走进他们在法国讷伊的那处房子时，他就站在大厅的那一头。他总是会亲

1　巴斯克自治区（Basque country），位于法国和西班牙西部比利牛斯山脉的一个地区，是巴斯克人的故乡。

2　巴伊亚（Bahia），巴西东部的一座城市，位于累西腓西南偏南大西洋上。

自出来接你，真是太有魅力了，帮你脱下外套的时候他总会讲一些有趣或贴心的话。然而即便是在大厅的光线里，那光线很昏暗，我还是能看到他眼睛里面的蓝色。那是一种在大海上待久了的蓝色，水手都有这样的蓝眼睛。我猜是家庭的关系——玛丽王后也有那样的蓝眼睛。而且在公爵的周围也围绕着蓝色的光芒。这就是我想说的——在他的脸周围有一圈蓝色的光环。即便是在黑白照片里，你也能感觉得到。

黑色是全世界最难弄对的颜色——除了灰色之外。

当宝琳·德·罗斯柴尔德（Pauline de Rothschild）还是宝琳·波特（Pauline Potter）[1]的时候，住在纽约的一栋房子里；每个人都曾经为这栋房子争论过，内容就是她叫人涂在画室墙壁上的颜色究竟是什么。我可以告诉你那是什么颜色，是浅的炮铜灰色——珍珠芯里面的颜色。

莫利纽克斯（Molyneux）[2]在巴黎有一间沙龙，沙龙里面墙壁和地毯是用的另外一种完美的灰调。他所有的店员也都穿着相同颜色的双绉绸布料制服。一切都是灰色的，只有这样，他想展示的服装才能显现出来。你看不到其他任何的东西，只能看到他展示的衣服。

别人告诉我，爱斯基摩人用 17 种不同的词来形容白色。这比我能想象出来的还要多。

1　宝琳·波特（Pauline Potter，1908—1976），作家、时装设计师。第二次婚姻嫁给了菲利普·德·罗斯柴尔德男爵（Baron Philippe de Rothschild），著名的花花公子和诗人，随夫姓改名为宝琳·德·罗斯柴尔德（Pauline de Rothschild）。

2　爱德华·莫利纽克斯（Edward Molyneux，1891—1974），低调优雅风格的英国服装设计大师，1919 年至 1950 年在巴黎经营沙龙。

但是你难道不喜欢白色的缎面便鞋和紫罗兰色裙子上的深色花边搭配起来的样子吗？有句话我在《芭莎》杂志的办公室里说了好几个月："别忘了委拉斯凯兹（Velásquez）[1]！"那是我没能最终呈现给大众的诸多想法之一。

紫色是种漂亮的颜色——不过近来用得太多了，因为人们接受紫色是个相当缓慢的过程。紫色和教堂有关——教会以及那些有权势的东西——紫色也非常日本，虽然不是日本人喜欢的那种紫色。他们喜欢的是在红醋栗色里面混合一丁点紫罗兰色的那种。

出租车的黄色实在是太漂亮了。我在工作室处理照片的时候总是要求他们用出租车黄来作背景色。

《芭莎》杂志流传着关于我的一个故事：据说，有一次我要求他们用台球桌绿来做一幅照片的背景色。于是摄影师出去拍回了张照片，我不喜欢。接着他出去又拍了一张，我还是不喜欢。然后……他再次出去拍了一张，我仍然不喜欢。"我要的是台球桌绿！"我应该是这么说的。

"但这个就是台球桌啊，弗里兰夫人。"摄影师回答道。

"亲爱的，"我对他说，"我的意思是台球桌绿的那种感觉，不是一张台球桌。"

这个故事是假的，但也有可能是真的。如果有一天，有个人说想

1　蒂亚戈·委拉斯凯兹（Diego Velázquez，1599—1660），17 世纪巴洛克时期的西班牙画家，菲利普四世国王宫廷的主要画家，也是西班牙黄金时代最重要的画家之一。

把房间涂成维米尔（Vermeer）[1] 画里一只眼睛的瞳孔里的颜色，我完全懂得他的意思。

实际上，唯一让我受不了的颜色是浅三文鱼粉——虽然，我自然也很爱粉色。我爱普罗旺斯小康乃馨花的那种浅波斯粉，也爱夏帕瑞丽的粉色，还有印加人的粉色……

虽然这样说很老派[2]，而且再多说一遍我自己都要受不了，但我还是要说：粉色就是印度的海军蓝。

哦，但是紫罗兰色。你一定见过巴伦西亚加用的紫罗兰色。他是这个世界上诞生过的最伟大的设计师。那个时代的人们总是会打扮过再去赴晚宴的，我的意思是精心打扮——而不是仅仅换套衣服而已。如果一个女人穿着巴伦西亚加设计的裙子走进来，房间里的其他女人就都不存在了。

他对年轻人不感兴趣，他也完全不在乎我们今天所崇尚的骨感或其他的什么。哦，他发布的那些服装系列，真是太让人激动了！如果在他的时装秀上找不到空椅子，我们就会站在墙角看。你这辈子从没看过那样的颜色——从没见过那样的紫色！我的老天爷，粉紫色，蓝紫色！突然之间你就像置身在女修道院，或者是僧侣院里。

没人能和他相提并论。

他的嗓音非常低沉，通常你得非常专注才能听得到。他叫克里斯

---

1 约翰内斯·维米尔（Johannes Vermeer，1632—1675），优秀的荷兰的风俗画家，被看作“荷兰小画派”的代表画家。代表作有《戴珍珠耳环的少女》《花边女工》《士兵与微笑的少女》。

2 原文为法语：vieux jeu。

蒂巴尔。他的设计灵感来自斗牛场，来自跳弗拉门戈舞的人，来自渔民穿的宽大上衣，还来自修道院的阴凉……他从这些情绪和色彩当中获得灵感，并将它们吸收进了他的个人品位里，他为那些在意这些东西的人设计了 30 年的衣服。他对蕾丝和缎带带来的风情情有独钟，但同时他也完全拥护女人的尊严。他常说，女人不需要做到完美或长得很美才能穿他的衣服。女人们穿上他的衣服之后，她们就会变美了。

你永远猜不到在巴伦西亚加的时装发布会上会看到什么。可能会有人昏倒，也有可能会原地爆炸并就此死去。我还记得他在 1960 年代初有一场时装秀——那个时候的时装秀是办给顾客的，而不是给时尚买手们看的——奥黛丽 · 赫本（Audrey Hepburn）[1] 转过身来问我，为什么我看到那些衣服不激动。我告诉她我那是在佯装镇定和超脱，因为，毕竟我是受邀的媒体之一。就在我们对面，格洛丽亚 · 吉尼斯（Gloria Guinness）[2] 正从座位上溜出来并走到前排去。现场的每个人都疯狂了。我们完全不知道自己在做什么，那些衣服都太漂亮了。那次是巴伦西亚加第一次推出连体紧身衣。连体紧身衣就像是包裹全身的长筒袜，在脖子、脚踝和手腕处都是紧的。那天秀场上的是裸色、一半金色一半粉色，女模特在那之上还套了一条雪纺材质的蓬松斗篷，漂亮得让人难以置信。别忘了，巴伦西亚加没有挑那些腿很长的模特——他更愿意挑那些手脚都短短的、丰满的模特，因为他喜欢西班

1　奥黛丽 · 赫本（Audrey Hepburn，1929—1993），英国女演员、模特、舞蹈家和人道主义者。

2　格洛丽亚 · 吉尼斯（Gloria Guinness，1913—1980），社交名流和时尚偶像，于 1963—1971 年任《芭莎》杂志编辑。

牙女人。那是我见过的最让人激动的衣服了，就像一场梦一样。你知道吗，我曾经在大都会博物馆的巴伦西亚加展区展览过一件那样的衣服，但是除了我之外谁都不记得——多像是逝去的一场梦啊！

后来有一天，巴伦西亚加关门了。他甚至连邦尼·梅隆（Bunny Mellon）[1]都没告诉，那可是他最大的顾客……我猜她拥有巴伦西亚加在这世界上最伟大的设计作品。

消息传来的时候，我正和蒙娜·俾斯麦（Mona Bismarck）[2]待在意大利的卡普里岛上。我当时正在楼下，穿着晚礼服，喝着一杯酒。康斯洛洛·克雷斯比（Consuelo Crespi）[3]从罗马打来电话，告诉我电台里刚刚宣布巴伦西亚加在当天下午已经宣布永久停业，再也不开门了。结果蒙娜在房间里待了整整三天都没有出来。我是想说，她完全进入了一种……我的意思是，那简直就是她一段人生的终结！

1　瑞秋·兰伯特·梅隆（Rachel Lambert Mellon，1910—2014），人称邦尼·梅隆，美国园艺家、园丁、慈善家和艺术收藏家。

2　蒙娜·冯·俾斯麦（Mona von Bismarck，1897—1983），美国社会名流、时尚偶像和慈善家。

3　康斯洛洛·克雷斯比（Consuelo Crespi，1928—2010），出生于美国的意大利伯爵夫人，曾担任过时尚模特和意大利《时尚》杂志的编辑。

当人们问我这一辈子里最大的改变是什么的时候，我总是会回答，是恐惧——就是今天我们都必须住在大城市里，随时会有危险发生的那种感觉。

我曾经是什么都不怕的。在纽约第七大道的那些年里——在成衣店街区——有多少年？在《时尚》杂志的那几年，我没怎么去第七大道，但是在《芭莎》杂志的那几年，我是时尚编辑，所以我常去第七大道看看那里流行什么。我在那些街区溜达，滨水区我也去。

那些年里我总是独自步行穿过60个街区走回家。我很喜欢卖毛皮服装的那几条街，工作结束后我总会穿过那里走回家。

我现在说的是在战争时期。相信我，那时候没有出租车，我得走过那些长长的街区。当时基本上路灯都黑了——用他们的话说就是都暗了——路灯非常非常的昏暗。天冷得要命——那些日子没有宽松长裤，也没有靴子——我还穿着凉鞋。我穿了一件毛外套——一件有毛皮缝线装饰的雨衣——我只好对自己大喊："继续前进！继续前进！"

每个晚上我都是这么走路回家的。就像每天晚上都会睡在自己床上一样，我认为这是件理所当然的事情。

回到家之后，家里只有我一个人。孩子们都在军队里。在战争期间，里德住在加拿大蒙特利尔，为英国工作。他在那里住了7年。我们结婚46年，其中有7年他不在家。那是一段在我一生当中记忆相当深刻的日子。有7年的时间，我都是自己一个人……

但是每当我走在第七大道上的时候，总是非常高兴。我总是会沿着锈迹斑斑的台阶走上去，台阶上散落着旧报纸，几个长相吓人的人在四周徘徊……但这些我都不害怕。在我看来，这些都是一场伟大探险的一部分，是我工作[1]的一部分，是场景的一部分。我猜这就是我今天为什么对第七大道怀有这样特殊感情的原因——那里的一切对我来说都很有趣。那里的好多人都是犹太难民，几乎不会说英语。他们对我意义重大，因为他们带来了一些旧欧洲的气息。不是萧条的感觉，

1 原文为法语：métier。

甚至在香奈儿之后也不是。毕竟，那曾经是我的世界。那里的男人们是我的朋友，他们照顾我，他们让我的生活能继续下去。

我自己从来没穿过第七大道卖的衣服，你明白吧。我总是会用一种完全欧洲的眼光来看事情。也许正是如此，在纽约他们才会这么欣赏我。我是独立的。别忘了，在那个时代，流行传播得非常慢。战争爆发后我回到这个国家，简直不能相信自己的眼睛。在夏天，每个女人都穿着缀有钻石别针的双绉纱裙，每个人都穿着丝质长筒袜——那是在尼龙纤维发明之前——然后是难看的系襻高跟鞋。那是在夏天，你明白吧——在美国。那简直难以置信。

在欧洲的那些年里，每当夏天热浪到来，我都会光着两条腿，穿夹脚凉鞋。我现在还留着几双我在意大利卡普里岛上找人定做的凉鞋，那是 1935 年，我和里德住在玛丽娜大酒店。凉鞋的重点就是，系带要从脚趾之间穿过。那些凉鞋的鞋底都非常漂亮，用的是比你的指甲还薄的材料——一层层叠起来的。走路的时候，就像踩在缎子上。在卡普里岛上，我们曾经步行穿过山间，穿过葡萄园，一路走到提比略的宫殿（Tiberius's palace）[1] 去——那可是很长的一段路。我能记得可可 · 香奈儿和卢奇诺 · 维斯康蒂曾经骑着驴子走过这一段。她戴着贝雷帽，穿着套头衫和白色的阔腿裤——当然了，脖子上还戴着她的珍珠项链——驴子会驮着她沿着陡峭、山石遍地的小路走上山去。维斯康蒂当时对她十分着迷，他也骑着驴子跟在她身后。卡普里

1　提比略的宫殿（Tiberius' s palace），提比略·凯撒，公元 14 年至公元 37 年任罗马皇帝。

岛—— 一座异教徒的岛屿，漂亮极了。

之后战争就来了，我们之间断了联系。但我还留着我的那些凉鞋。后来我把凉鞋送给了来自新泽西的一个鞋匠，麦克斯韦尔（Maxwell）先生，我叫他照着样子做。他之前从没见过那种样子的鞋。于是我把故事讲给他听，我是从哪里模仿来的——是从庞贝的情色博物馆，这间博物馆本来是只对男人开放。那还是人们乘船在地中海上航行的日子，那些老处女们会攒上好几年的钱，给自己弄套男人的衣服穿上，走进那间博物馆，然后她们就会大喊、尖叫，最后癫痫发作倒在地板上。那一切简直令人难以置信。人们会把警察喊来，这些老处女们就会被担架抬出博物馆，最后博物馆不得不关门大吉。

我后来是通过一个在墨索里尼政府里当差的朋友的关系，才进到了博物馆里面。“对我来说就是举手之劳。”他说。

于是我就看到了……在庞贝，当时所有活生生的东西都在一分半钟内被一座喷发的火山封存住了。有女人正在生孩子，有狗正在挠着后背……都被定格成为永恒。在那间博物馆里我看到了一个女人，正在和她的奴隶偷情，她的奴隶穿着……

我把这一切都告诉了麦克斯韦尔先生，很自然地，他被吓坏了。他有一颗最有魅力、最温柔的心——具备新泽西州最好的恩格尔伍德（Englewood）人的特点——但他从来没听过一个女人跟他说这样的事。但是我还是继续说了下去……

那个奴隶还戴着奴隶的手镯，我一眼就认出来了，因为手镯在1920年代的时候很流行，所有人都戴那样的奴隶手镯。然而……他并没有穿着大领主们[1]或者战士式样的那种做工精致的凉鞋，也没有穿镇上绅士或者商贩的那种鞋子，他穿的是世界上样式最简单的凉鞋。只有一条带子穿过大脚趾和它旁边的那根脚趾，另外鞋底还有一根带子，绑在脚踝上。你想知道他为什么会穿着凉鞋做爱吗？可能他当时并没有那么多的时间，可能她就直接跳到了他的身上，他没有机会脱鞋子；当然了，之后，维苏威火山的爆发把他们两个全掀翻到了地板上。我就是把这双鞋子的设计带到了卡普里，他们根据我的描述，把鞋子做了出来。

后来，麦克斯韦尔先生终于从震惊的状态里回过神来，照着鞋子的样子做了复制品。但是谁也穿不了。很显然，纽约市当时有这么个关于个人健康考虑的规定，任何人在穿上鞋子之前，必须先穿上长筒袜。带子自然不可能从穿了长筒袜的脚趾头之间穿过，但那才是这鞋子的重点。后来不知怎么的，那条规定到底还是改了。别问我是怎么改的——我从来不会让自己在意那样的事情。不过从那时开始，麦克斯韦尔先生的生意就变得非常好了。

这就是系带凉鞋诞生的故事。接下来是指甲油的故事。

我刚到美国的时候，非常喜欢涂深红色的指甲油。有些人持反对意见，然而就是有那么一些人什么都要反对。重点是深红色的指甲油看上去很显眼，简直是完美。当时全纽约只有另外一个女人的指甲也称得上完美，就是莫娜·威廉斯，她有自己的美甲师，每天晚上都会

1　原文为法语：grand seigneur。

来找她。在那个年代，你都是在家里做美甲的，理由非常充分——指甲油要花非常长的时间才能彻底干掉，有好几个小时你都不能用手做事情。我也是在家里美甲，但是指甲油涂上后立刻就干了，这就是指甲油故事的由来。

在巴黎的时候我有个美甲师，是个威尼斯人，叫佩雷拉（Perrera），他之前是和凯瑟琳·德兰格（Catherine d'Erlanger）[1]一起，做养鸡场的生意——就是那个住在皮卡迪利大街街尾拜伦勋爵（Lord Byron）房子里面的人。她在威尼斯郊外还有一栋房子，在布伦特运河的上游，那里有很多奇怪的河道，还有一些漂亮的建于 16 世纪的房子。她的房子叫马尔康坦塔别墅（Villa Malcontenta），有威尼斯建筑风格的墙壁和屋顶。我觉得佩雷拉就是你们称为“农民”的那种人——虽然我不喜欢用我不太知道意思的词，我只是想说他不是贵族。他什么生意都做，但这世上他最喜欢的还是女人的手。在巴黎，每天晚上他到我家的时候，即便我身上是一丝不挂，他恐怕也不会注意到，我都不确定他是否认真看过我的脸。

有些男人可能因为女人身上的某些东西而喜欢女人，这由此变成了他们生活的一部分。佩雷拉的生活就是要和长着漂亮双手的女人在一起。比如说，他非常爱慕芭芭拉·赫顿（Barbara Hutton）[2]，她的那双手是世上最美的手。他无时无刻不在说她的手。佩雷拉绝对不是有

1　凯瑟琳·德兰格（Catherine d' Erlanger，1874—1959），艺术赞助人，支持着同时代的诸如蒙特卡罗芭蕾舞团的谢尔盖·迪亚吉列夫等艺术家。

2　芭芭拉·赫顿（Barbara Hutton，1912—1979），美国社会名流、女继承人和慈善家。

钱人。我敢肯定，当他走出芭芭拉·赫顿的家之后，就会径直走进巴黎的雨夜，走进最近的地铁站，搭地铁回家，回到他简单朴素的日子里。他提供美甲服务索要的价钱，要知道，几乎是白送一样——他照顾女人的手，只是因为热爱。

他会走进你的家……打开一只漂亮的灰色绒面工具盒，取出他的工具来，全部是黄金做的——这是维多利亚的孙女，西班牙女王埃娜(Ena)[1]送他的。他还有一套很棒的指甲油——别问我他是从哪里弄来的——涂上去立刻就会干。如果你留了很长的指甲，像我以前留过的那种，也能立刻就干。

你想知道艺术家贝贝·贝拉德（Bébé Bérard）[2]最喜欢的是什么吗？他最喜欢看佩雷拉为女人涂指甲油——这很有艺术性。贝拉德有一次在我的酒店房间里看过一次，之后就一直想要再看。

我还记得自己最后一次见到佩雷拉是在刚刚宣战之后。我们彼此说“再见，晚安”[3]，还有“不会太久的”，以及“不是真的打仗”……我把两大瓶他的那种指甲油带到了纽约，然后把它们送给了我的小美甲师，她基本上是自己独立在工作，没有在任何一家美甲店里打工，但是她会上门服务。有一天指甲油用光了。很自然，我开始感到有点不安。

“我在城里有个男友，”我的小美甲师说，“我觉得可以叫他照着

1　维多利亚·尤金妮·朱莉娅·埃娜（Victoria Eugenie Julia Ena，1887—1969），西班牙女王，阿方索十三世国王的妻子。

2　贝贝·贝拉德（Bébé Bérard，1902—1949），法国艺术家、时装插画家和设计师。

3　原文为法语：au revoir。

做一些。”

“哦，”我说，“是谁啊？”

“他啊，他发明了一种指甲油，所有人都喜欢得不得了。”

他的名字叫雷弗森（Revson）[1]。他在位于二十七街和第六大道的地方工作，有一条旧梯子通到后面。他的指甲油颜色非常漂亮，而且也不会碎——这点最重要——但是完全干掉要好几个小时，而且容易剥落。

可是——在研究过佩雷拉的指甲油后——他发明出了一种指甲油，干得比全美国任何一瓶指甲油都要快。几年之后，他的生意开始做大了。实际上，他后来成了这个行业的龙头老大。

如今，纽约滨水区最时髦的指甲油品牌就是露华浓。另外，叫人好奇的是，每次见到查尔斯·雷弗森，我都能从他的眼睛里看到一些东西……我一直都知道他已经知道了我知道他是从我那一瓶剩得不多的指甲油里挖出他的第一桶金的。没错，从他的眼睛里总能看到那么一点东西……

战争结束后我做的第一件事就是想要找到佩雷拉。但是——任何人——都找不到他；他没在威尼斯，没在巴黎，也没在法国南部。他从地球上消失了。我本来想把他带到美国，让他跟别人合作……你知道，我是有这些生意关系的。但是在做生意方面我总是很天真[2]。

1　查尔斯·雷弗森（Charles Revson，1906—1975），美国商人、慈善家，化妆品行业先驱，创建了品牌露华浓（Revlon）。

2　原文为法语：naïve。

里德跟我从不讨论生意，这会让他感到很无聊。我从来没跟他说过，“你不觉得吗？我应该找到这个叫雷弗森的男人，然后对他说，‘你看，我应该从你今天赚的钱里面拿走百分之一当中的十分之一的一半的四分之一，因为当初是我的那瓶指甲油才让你有了今天’？”

里德一定会说：“那又怎么样？你得到了想要的指甲油——你还想要什么呢？”

我还记得战争结束之后我和里德到达巴黎的那天晚上。哦，巴黎的变化是那么大！他们在使用土豆做的面粉。想想看，人们吃着法国面包，庆祝着伟大法国的胜利，结果那面包竟然是用土豆做的！每个人都穿着木鞋子。咔啦，咔啦，咔啦。通过酒店窗外传来的木头鞋底踩在马路上的声音，你就能知道当时的时间。如果外面传来打雷一样的声音，你就知道午餐时间到了，人们纷纷离开办公室走去餐馆。他们吃完饭走回办公室的时候又会是一番巨响，如此等等。我们到的当天正好是巴士底日（Bastille Day），然而我们并不是特意这样安排的。协和广场上的喷泉自巴黎解放之后第一次重新喷了起来。我们开车绕着巴黎转。所有的地方都去了——夏悠宫、圣丹尼斯……还有蒙马特区上面的那几个我已经忘记名字的区，但是那里我们也都去了。每个小小的广场上，都有那么一支孤单的小小的乐队，在演奏着同一支孤单的小小的曲子。

陌生人在和陌生人共舞。女孩子们和女孩子们跳舞。还有脸色苍白举止奇怪的年轻男人——看上去好像在酒窖里面躲了很多年——在和又胖又老的女人跳舞。那时还在下着雨。没人说话。整个场面太难看了——但是也棒极了。

后来到了差不多早上四点钟，我突然意识到自己饿了。于是我们在蒙马特区找了这条小街，有一家小餐馆，看上去好得不得了，但是门已经关了。于是我们两个不断地砸门，直到一个男人走了出来。

“我们没有东西吃，”我说，“我们刚刚从美国来，在巴黎度过了一个美好的夜晚，但是我们现在太饿了。”

“那么，进来吧，夫人和先生！[1]”，男人说，“快请进！我们这里是旅舍！[2]”

我一直没有忘记那一幕，因为，对我来说，法国一直都像是个旅舍[3]——是我感觉和感情上的旅舍，也是其他很多层面上的旅舍。在

1 原文为法语：Mais entrez, madame et monsieur!

2 原文为法语：Entrez! C’est une auberge!

3 原文为法语：auberge。

那之后很多年里，里德和我还在说起这段经历。那个男人把门大大地拉开，开得已经不能再大了，即便是凡尔赛镜宫的大门也不会打开得比那更大！

巴黎！我是多么兴奋。但是巴黎已经变了。整个世界都变了。

我是在去试衣服的时候意识到这一点的。你不知道试衣服曾经在人们的生活里占据多么重要的一个部分。记得我和你说过，在战前，一件睡袍要试三次——而且我的身材还是一直保持得很好。

战争之后，人们就不再试穿睡袍了。

其他的事也变了。在战前，定做衣服没有那么贵。定做一条裙子也不会花掉超过 200 美元。他们曾经叫我“环球试衣模特”[1]——意思是“全球的”——因为每天晚上我都要去所有的俱乐部，被这个人看到，被那个人看到，被其他人看到……而作为他们的环球试衣模特，那些时装屋[2]总会给我一些“年轻女孩的价格[3]”——意思是他们会把裙子送给我穿。如今这些说法在法语里面已经找不到了。战后我问的第一件事就是：“以前的那种说法——还存在吗？”我就是直接这么问的。

“完全没有了！”他们回答我，“消失得无影无踪。”

在战前，每个伦敦人和巴黎人都是有人为他穿衣打扮的。比如，我记得里德总会说起丰满的艾尔莎 · 麦斯威尔（Elsa Maxwell）[4]，她自

1　原文为法语：mannequin du monde。

2　原文为法语：maison de couture。

3　原文为法语：prix jeune fille。

4　艾尔莎 · 麦斯威尔（Elsa Maxwell，1883—1963），美国八卦专栏作家、作曲家，因其在当时举办的皇室成员和高层社会人物派对而闻名。

己其实是身无分文的："艾尔莎的伟大之处就是，为她选衣服的人是巴杜（Patou）[1]。"她会脱下外套——她的体型很大，像一座小山——然后衣服上面的标签就写着"让·巴杜"。

艾尔莎不是个庸俗的女人。对不了解她的人来说可能很难说明白，因为她看上去很庸俗。在一些照片里她穿着晚装，但是看上去像个厨师。她的鼻子尖长得很庸俗。但是她本人为什么不庸俗呢？我也不晓得。

也许是因为她非常喜欢音乐，她是个令人赞叹的钢琴家。人对音乐的热爱可以产生一种强大的净化效果，对她来说，音乐就像清水一样有净化的作用。

你记得玛丽·博登（Mary Borden）[2]写的那部《白眼睛的女人》（*A Woman With White Eyes*）吗？那本书当中有一段关于白白胖胖的手指在键盘上弹奏的描写，非常精彩，说的就是艾尔莎的手指。她最初是表演者。当然，后来因为她举办的那些派对而出了名。她会在你的家里办派对，由她来全权安排。如今大家都去餐馆，但是在她那个时代，艾尔莎会在你的家里举办派对，把所有重要人物都邀请来，然后你会收到一张账单，上面列着食物、花和酒的费用。她自己则是一杯葡萄酒都没有喝过。她可不是个无名之辈，她总是和国王们一起吃饭。当然都是很好的国王们，比如瑞典的国王。她会看着他打网球。她会

1　让·巴杜（Jean Patou，1880—1936），20 世纪 20 年代到 30 年代最伟大的法国服装设计师之一。

2　玛丽·博登（Mary Borden，1886—1968），英美小说家和诗人，其作品借鉴了她在战争期间作为护士的经历。

住在任何一间愿意为她买单的酒店里。她从华尔道夫酒店起步，最后住到了萨米特酒店。那盏在她萨米特酒店公寓里的枝形吊灯并没有挂在房间的正中央，你会觉得有点歪。

我还记得战前我和她在巴黎吃过一次晚饭。我当时坐在一个来自旧金山的客人面前，他名叫托尼·蒙哥马利（Tony Montgomery），是当时一个著名的花花公子，我们听到有个法国人对艾尔莎说，“麦斯威尔小姐，大地震发生的时候你在旧金山吗？”——你知道的，就是饭桌上的那种闲谈。

“我当然在，”她说，“我还记得很清楚。我当时正从我父亲房子的大理石台阶上往下走，突然之间台阶就在我的脚底下裂开了……”

托尼看了我一眼，我也看了他一眼。我们都知道在那个年代，密西西比河以西，连一条大理石的台阶都没有——更别说艾尔莎父亲的房子了。但那就是艾尔莎——她就是喜欢装作很有钱，让事情往好的方向发展。为什么要和别人说你是在草棚子里出生的呢？谁想要听那个？

她总是喜欢让好的气氛继续下去。但是，我也记得我曾见过她完全说不出话的样子。有一天她打电话给我。

“黛安娜，你想要见见克里斯汀·乔治森（Christine Jorgensen）[1]吗？

“说实话，”我说，“我从没想过。”

1　克里斯汀·乔治森（Christine Jorgensen，1926—1989），美国历史上首位因做变性手术而广为人知的变性人。

“我觉得你可能会感兴趣。你现在涉足很多生意，谁知道呢？说不定会带给你意想不到的启发。明天我会安排一场午餐……”

于是我自然就去了。当时是在哪一年？是在战后。查查看——应该是克里斯汀·乔治森成为全世界焦点的那一年，应当说是在三个星期里，全世界都知道了她那著名的变性人身份。午餐是在酒店沙龙的上面一层楼举行的，在艾尔莎自己的房间里。利兰·海沃德（Leland Hayward）[1] 也在。另外还有福科·迪·维尔杜拉（Fulco di Verdura）[2]，伟大的珠宝设计师，还有另外我不太记得的几位很有魅力的男士。在午餐的现场，没有一个人能对这个有着良好的教养又魅力十足的、名字叫克里斯汀·乔治森的人说得出来哪怕一个字。我们都盯着她看，完全不知道该怎么找到话题。人们通常会问什么呢：“你决定变性后的第一步是什么——把胸部弄大吗？”福科这辈子还从没有这样不知道如何开口讲话过，他当时很想问她是怎样处理腋窝的，但是他没问。克里斯汀·乔治森尽了她最大的努力，想要维持一种良好的气氛，她谈论了食物、天气，还有，嗯……老天爷，当时世界上正在发生的变化！艾尔莎非常懊恼[3]。这是我唯一一次见到她这样子，我很了解她。

战后的一个夏天，我和里德第一次在欧洲度假的时候，艾尔莎邀请我们去参加法国南部的一场盛况非凡的晚宴。我们开车从普罗旺斯

1　利兰·海沃德（Leland Hayward，1902—1971），好莱坞和百老汇的经纪人、戏剧制片人。

2　福科·迪·维尔杜拉（Fulco di Verdura，1898—1978），一位有影响力的意大利珠宝设计师。

3　原文为法语：bouleversée。

到安提比斯。啊，普罗旺斯的灯火啊！我们当时对法国产生了一种近乎恋爱的感情，又再次看到我们曾经这样喜爱的美景，闻到那些美好的香气……小小的蓝色风铃草，纤细的波斯粉红，以及普罗旺斯的所有其他引人食欲的香气真的是太好了。在享用了一顿美妙的晚餐之后，我们在松林下散步，之后我们在一间非常迷人的旅舍里住下，非常奢侈地躺在货真价实的亚麻床单上……

之后我们就到了安提比斯。所有人都在滑水，所有的女孩子都穿着比基尼泳衣。当时我说过，比基尼泳衣是继原子弹发明之后最有力量的东西，但我想比基尼是在战争期间流行起来的——估计他们就是把床单撕碎了之后做的。在那一年，《玫瑰人生》（*La Vie en rose*）这首歌非常流行。我们住在杜克酒店，每天很早就上床睡觉，可以听到走路回家的行人的声音——每一位都在唱着《玫瑰人生》。歌曲可以百世流传，可以把某个特别的年代留在你的记忆里。那一年，所有人都在为心中的某个人唱着这首歌，一直到夜深，我们俩就躺在床上，聆听着别人的快乐……全部都是《玫瑰人生》。空气好像完全静止了，把音乐留住。你懂我的意思吗？

每天早上，里德自然会在我之前穿好衣服，做好出门的准备。他是一位很好的旅伴，因为他总是起得很早，收拾好东西，然后叫我起床，之后我们会一起看看他发现的值得看或者做的事情。有一天早晨，他偶然碰到了一位名叫多尔多（Dodero）的阿根廷人。多尔多是贝隆（Perón）[1]的一个心腹——出身良好，受过很好的教育，非常迷人，举止高贵。他邀请我们第二天晚上去他在戛纳的一间别墅参加派对。里德告诉他，我们已答应第二天要和艾尔莎·麦斯威尔一起晚餐，但我们会尽量在晚餐之后赶过去。

艾尔莎的晚餐是为莫里斯·切瓦力亚（Maurice Chevalier）[2]安排的。位置在安提比斯的老港口，通常不会有人会想要特意去看那里。艾尔莎占用了一条通往码头的主要街道，在那里放了一张长桌。我恰好坐在切瓦力亚的对面。当然了，我 16 岁的时候就见过他，看着他从巴黎赌场舞台的台阶上走下来。但现在我看到的是他本人。老天爷，真是个有魅力的男人，多让人着迷！全世界都喜欢你，同时你也有东西给予全世界，这一定是种美妙的感觉。我会说这应当是最精彩的人生了。我真是很爱他这样的花花公子[3]！想想他戴帽子的样子，还有拿手杖的样子吧！

晚餐过后，我们开车去戛纳的山里参加多尔多的派对，路上也看到了他的几个心腹——当心腹也有自己的心腹时，你就知道他是个大人物了——之后我们穿过了他那座空空荡荡的别墅。很显然，之前从来没有人在这里住过，或在这里过夜过——老天爷才知道这个别墅之前是做什么用的。之后，这个魅力十足的男人沿着松林间的步道走了上来，是多尔多，他走上台阶，握住我的手吻了一下。我感觉到他的

1 胡安·多明戈·贝隆（Juan Domingo Perón，1895—1974），阿根廷陆军上将和政治家。曾三次当选阿根廷总统，后在政变中被推翻。

2 莫里斯·切瓦力（Maurice Chevalier，1888—1972），法国演员。

3 原文为法语：boulevardier。

手抖得厉害，意识到他当时病得很重——为贝隆总统服务，对他来说显然压力过大了，很显然他无时无刻不处在可怕的危险当中。那年夏天，他在卡尔顿酒店包下了三层楼，在港口停着三艘游艇，在戛纳的后山上有三座别墅。真是没有比这更神秘的事情了。

但是我们跟着他走下长长的台阶，走到了一处整修成舞池的漂亮的地方，他把我们带到了桌边。很快，金色的小椅子围绕桌子摆了出来。客人陆续到达。都是战前的老花花公子——他们的名字我一个都记不得了——他们在桌前坐下。女孩子们向我围了过来，因为她们都是来自纽约的模特。每个人都是那么的迷人。

无论是谁，无论他有什么样的地位，只要他开口邀请我参加派对，我总是会感到非常荣幸。我和里德往往前一晚还在和国王用餐，接着在第二晚就去参加这样的派对……我想这应该是风月场里的最后一个派对了。风月场——想想那些女人有多神秘！男人们总是能为自己粉饰想要的出身背景。有天晚上，有人正在派对上为我朗读普鲁斯特，然后一个交际花出现了——没人抬一抬眉毛——那个派对是为盖尔芒特公爵夫人（Duchesse de Guermantes）[1]举办的。她们还存在，我敢肯定，但是再没有人会为她们办派对了。也再没有人用这样的词称呼她们，除了我以外。这是个古老的词，就像“风险”[2]，“诡计多端”[3]，还有“气愤的”[4]……都已经完全过时了。

1 普鲁斯特的小说《追忆似水年华》中的一个角色。

2 原文为法语：risqué。

3 原文为法语：roué。

4 原文为法语：outré。

那天晚上来的不仅仅有交际花。不论怎么看，那都是一场值得尊敬的完美的派对。我去的时候穿了一件无袖短裙，是夏天的衣服。那真是一个神奇的、值得铭记的夜晚。那晚的服务生们都好极了。光线从松林间穿过。那个晚上，就是芮塔·海华丝（Rita Hayworth）这位毫无疑问全美国最漂亮的女人，与苏丹王子阿里·汗相遇的那晚——我们亲眼看到了他们的相遇。那个晚上也是泰隆·鲍华(Tyrone Power)[1] 和琳达·克里斯蒂（Linda Christian）[2] 相遇的那一晚——我们也亲眼看到了他们的相遇。那晚我也结识了一个名叫卡罗尔·麦克丹尼尔（Carroll McDaniel）的女孩子，她后来嫁给了阿方索·德·普塔戈侯爵（Alfonso de Portago）[3]，后者极度痴迷于赛车。你还记得吗，那次他在一场比赛当中停下来加油，是 1000 英里拉力赛，然后琳达·克里斯蒂横跨赛道走了过来，当时她已经离开了泰隆·鲍华。她弯下腰吻了他，是个死亡之吻：7 分钟之后他撞车死掉了。

他母亲是那种横穿一条马路都会长出更多雀斑来的伟大的爱尔兰女孩。应该是在 80 岁的时候，她滑雪摔断了一条腿，她打上石膏然后继续滑雪。她曾经给我讲了一个关于她自己的很棒的故事。那时还是在战争期间，我们坐在南安普顿的海滩上。她的手腕上戴着几条手链，上面有像这样的青梨形，缀在就像那样的马眼钻石上——这几颗

1 泰隆·鲍华（Tyrone Power，1914—1958），美国演员、制片人。

2 琳达·克里斯蒂（Linda Christian，1923—2011），美国女演员，曾在 1954 年在改编的 007 系列小说《皇家赌场》的电视剧中担任首位“邦女郎”。

3 阿方索·德·普塔戈侯爵（Alfonso de Portago，1928—1957），西班牙贵族、赛车手和雪橇手。

钻石就可以围绕她的手腕转一圈了。她和我说她以前在都柏林的政府医院做护士。她当时正在照料的一个老病人问她，能否把她请回家做他的私人护士，因为他快死了，身边不能没有护士照料。她当时一无所有，他又是个和善的老人，于是他们就结了婚。

后来有一天，他意识到自己不久于人世了，于是握住她的手说，“告诉我——如果我没这么有钱，你还会对我这么好吗？”

“不会。”她说。

“你还会嫁给我吗？”

“不会。”

于是他说道，“你是世上最诚实的女孩。就因为这个，我会把一切都留给你。”

于是，这个全欧洲最有钱的寡妇去了西班牙，嫁给了欧洲家世条件最好的男人，马尔济斯·德·博塔戈侯爵（Marquis de Portago）——西班牙国王的孙子——后来生下了阿方索，他后来以西班牙国王的名义娶了她，我刚告诉过你了……你瞧瞧，已经说过的事情你可不要让我再说一遍了！

第十九章

在我空闲的时候，我看上去会有点……不切实际。而且我确实认为已经成功塑造了自己务实的一面。在像我那样工作了那么多个年头之后，经历了那么多的水深火热，不可能不变得务实一点。

男人的头脑是训练有素的，他们思路清晰，对语言也很有感觉。比方说，男人们在写商业信函时，是有绝对权威的——不会有任何一个标点符号放错地方，或者有哪个词的意思有两种解释。但是女人……这些我都要学习。是男人——特别是里德·弗里兰——教会了我这些。

回到美国开始上班之后，我还是很有准备的。也有为数不多的女人给我带来一些影响。不过，《芭莎》杂志的编辑卡梅尔·斯诺，显然没有让我学到什么。事实上，很奇怪，我觉得她很不喜欢我的品位。但我知道我一直受到埃尔西·门德尔的影响。

埃尔西是经过训练的。从她插花的方法，还有安排宴会的方法就能看出来……从她做的任何事情上都能看得出。做任何事都有计划。这点上她很美国，但她也很了解 18 世纪的法国，对女人来说这很符合逻辑。

我很喜欢她在凡尔赛的那间房子，我也很喜欢那里所有东西闻上去都有薰衣草的味道，还有下雨的时候她总是让窗子半开着，还有窗外那些修剪成动物形状的灌木动物园，那一切都太有魅力了……这一切都是按她的要求做的。一切都由她来决定。

埃尔西自然也有着极好的品位，就和我认识的所有欧洲人一样。当然了，品位是天生的，很难后天去获得。你也许可以沾到一点点品位的皮毛。但是埃尔西·门德尔身上具备的，是某种美国特有的东西——一种对庸俗的鉴赏力。庸俗是生活里非常重要的一部分。我相信庸俗——如果它具有活力的话。一点点的坏品位就像是一点辣椒面。我们都需要那么一丁点儿的坏品位——很有活力，很健康，很自然。我认为我们可以多来一点。一丁点儿品位都没有才是我所反对的。

通常橱窗里吸引我注意的都是那些难看的东西——垃圾。比方说塑料鸭子！所以里德才拒绝和我一起散步，不论是在哪座城市。“如果你经常这样因为某些东西停下来……”他说，“如果你停下来是要看那些难看的东西，那我就再也不和你一起散步了，除非我们径直去公园。”

你知道为什么会有人想买石膏狮子狗吗？几年前，我在棕榈滩见到了杰瑞·齐普金(Jerry Zipkin)[1]。如今的杰瑞·齐普金是我的好朋友，因为他很有建设性。他既有破坏性，又有建设性，你明白我的意思吧。他会先把你拆散——然后再装回去，但是你会因此变得更好。给你举个例子。我大概已经有 30 年没去过棕榈滩了。到了那里之后，杰瑞说，“我能否有幸带你去沃思大道呢？”好家伙，我完全想不出之后会在那里看到什么！我们看到了用石膏做的狮子狗，都涂成了粉红色——其实是种很漂亮的粉红色，就像杜巴利玫瑰的颜色——我们还看到了嵌在画框里的石膏做的天使，当然也被涂成了粉色，还有镜子和贝壳。在你的左右两边，不是狮子狗，就是天使。不是石膏就是珠宝首饰——不是宝石，是珠宝首饰。很显然——他们没办法把那些石膏狮子狗放在库房里。那简直是我见过的最不可思议的事情。多得数不清，简直无穷无尽。这些要卖给谁？我感到有些不安。“杰瑞，”我说，“我们出去吧，我想我已经都看过了。你不觉得这条街我们已经都看过了吗？”

“你还没有看完，”他说，“我还要带你去个地方，不知道你敢不

1　扎尔曼·金（Zalman King，1941—2012），美国演员、电影导演、作家和制片人。此处黛安娜指的是他在电影《蓝色阳光》（*Blue Sunshine*）中饰演的角色杰瑞·齐普金（Jerry Zipkin）。

敢进去。”

于是我们又去了一个叫米兹纳宫（Mizner Court）的地方，我想是叫这个名字吧。杰瑞对我说，“我先说明一下——你得成为会员。”

“但是，杰瑞，”我说，“我以为你是带我去逛商店的。”

“就是逛商店，”他说，“但是很可能——不要生气——你进不去。得看看我们能安排什么……”

接着……我们突然向右拐，走进了一间院子；我们按了铃，一个男人走了出来。“噢，弗里兰夫人”，他说——那一句“弗里兰夫人”，简直再美国不过了……他给了我一个大大的吻。后来我发现我在第七大道那段时间里他也在那里。他送了我一年的免费会员资格。真是个好人。显然你每年得付 50 美元才能在那里买东西！简直难以置信——为了买东西你还得另外花钱。

那商店有种来自东方的、异域的气息——那里有疗愈效用的漂亮的花草茶，来自中国的进口货，画框，还有那些产自东方的织料。我不明白为什么这些东西要用私人俱乐部的方式去卖，也许他们不希望有人在那里卖石膏狮子狗吧。

第二十章

你从没见过任何一个法国人的脸部是松弛的。根本没这回事。你注意过吗？关于这件事情我想过很多，我认为这是因为法国人为了能把话讲出来，不得不经常锻炼他们的口腔内部，还有下巴的部位。法语对元音发音的要求太高。事实上，法语和法国人的漂亮脸蛋也很有关系。说一句法语，你的整张脸都在动，而说英语的时候人就会有些松懈。给你举个例子：现在看着镜子，说，“亲——爱——的[1]”看到你的脸刚刚有什么动作吗？看到你刚刚做的运动了吗？现在试试用英文说“亲爱的”。一点都没动。死马一匹，你喜不喜欢这个说法？有一次我和一个朋友从布卢明代尔百货公司对面的电影院出来，坐上了停在路边的一辆出租车。有个人从后窗探进头来说，“嗨，死马一匹，没有司机。”我们一看，前排座位上确实没有人。老天爷才知道他去了哪儿。去看电影了？也可能是去吃汉堡包了。

不过，回到刚才的话题。再没有谁的脸比戴高乐的脸更法国了。法国就是……戴高乐。而且，你知道的，法国人非常喜欢法国人。戴高乐对自己，有一种老派的爱慕之情，这么说吧——他很爱自己。他也是我的英雄，这么多年以来，他也是大多数法国人和大半个世界的英雄。

但 1960 年代的时候人们突然不喜欢他了。当时我初到巴黎，为了报道一场时装发布会。我当时在和一对新婚夫妇一道用晚餐——他们都非常有魅力，但说实话也理应如此[2]。我当时很有一些自己的观点。于是我说，“知道吗，当一些不太寻常的事情发生在法国的时候，真是会让人觉得有点难以接受。比方说戴高乐……”

“噢！”他们两个大笑起来。“你不是想要和我们说戴高乐有多好吧？”

“我没想说他有多好，”我说，“我只是和你们说我的感受。”

1　原文为法语：Ché-rie!

2　原文为法语：comme il faut。

“但我们是在为整个国家考虑！”

“我也是。我不住在这个国家，但我知道英雄是谁。你们得有个英雄。你们得有一个形象，得有个男主角。打个比方：如果坐在这桌上的所有人都要负责点菜，那我们大家还能吃得到晚饭吗？”

我继续说：“在过去的 50 年里，有谁能像戴高乐那样，走过黑暗，走过腥风血雨？还有谁像他那样为法国的存亡而战斗？当这里没有他的用武之地后，又有谁像他那样跑到伦敦去，像个跑腿的男孩一样等着丘吉尔听他讲句话？我真的想不通你们为什么要这样对他。你们真的认为‘随便吧’这种说法很资产阶级、很寻常，‘那又怎样？’这样的态度很伟大吗？要说有什么不一般的……你们的逻辑才真是不一般——可能这才是法国所代表的吧！”

我真是好好地教育了他们一下子！

第二天我接到一个电话，是前一晚餐桌上一起吃饭的一个家伙打来的。

“黛安娜，我们非常欣赏你对戴高乐的信仰和热情。如果有人用你那样的热情去爱，那就应该得到与所爱的人接近的机会，所以我为你安排了参加他的新闻发布会。我会为你保留座位。尽快过来吧。”

一挂上电话，我转身就把事情告诉了里德。我和他说，“可是我没办法去啊——香奈儿的发布会就是在今天下午三点半！”

“为什么没办法去？”他问。

“因为，”我说，“因为香奈儿是……你知道，毕竟他们是付钱来让我报道发布会的。”

我真是有个世界上最伟大的丈夫，他总是会站在正确的那一边。他总是知道该做什么，总是知道该对我说什么。

“是吗？你这是怎么了？你对这个叫戴高乐的家伙这么疯狂，现在又有了这么一次独一无二的机会，一切都为你安排好了，结果你却提起了香奈儿，她的衣服你不是从 1925 年起就在看了吗？”

于是，我给香奈儿小姐送了个信，说：我很不走运，在吃面包的时候弄坏了一颗牙（这是个非常好的理由——几乎所有美国人咬到法国面包壳的时候都会这样），所以我没办法参加她的活动了。

于是我去了新闻发布会。我到了爱丽舍宫，但是护照没带在身上。“护照，夫人，护照[1]！”卫兵对我说。当天刮了很大的风，他们的斗篷都被风吹到了一边，于是我走到另外的那边，就那样进去了。他们怎么能拦得住我？

我在第二排找到了位子坐下。接着，我听到了全世界最动人的嗓音——毫无疑问，经过了法兰西剧院[2]的专业训练——我的英雄开始讲话了，“女士们、先生们[3]……”

那是一种多美的语言！那是怎样的一种对道德的呼唤！他的发音优美极了。他也有法兰西剧院的那种手势——那是一双领导人的手，几乎是一双救世主的手。对我来说那是最寒毛倒竖的体验。

我还有了一个伟大的发现。你看到 1960 年代拍摄的一些戴高乐

1 原文为法语：Passeport, madame, passeport。

2 原文为法语：Comédie Française。

3 原文为法语：Mesdames, messieurs。

的照片里，他的头发几乎掉光了。但当我看到他的时候，发现他的发际线更靠下一些——一条非常清晰的发际线围出了一张小巧、精致、又非常法国的脸。现在看来，显然他拍照的时候没有特意化妆——这可是一位军队的统帅，也是法国的总统！这可不是闹着玩的。

在和这位伟大的男人，也是我的英雄，共度了几个小时之后，我回到了格里隆酒店，等待我的是一大束红玫瑰——殷红色的玫瑰。来自可可·香奈儿——体贴的香奈儿总是会送那种全开的玫瑰，而不是那种会枯萎成小小的一朵然后死掉的那种——就在这玫瑰花束间，还有一张迷人的字条，是香奈儿小姐亲自手写："亲爱的[1]黛安娜，我的飞机就停在勒布尔歇等你。它会带你飞到洛桑，在那里你会见到我的牙医，他是世界上最棒的。"

当然，我立刻也给她送去了花和字条，上面写着，她是多么的贴心，在去了牙医诊所之后，我发现我的牙并没有之前想象的那么糟糕……我会去参加她第二天下午的发布会。

第二天她就把牙齿的事都忘光了。我什么都不需要解释，这很幸运。香奈儿完全受不了戴高乐，她如果知道的话一定会跳到每一栋楼的屋顶上去大吼大叫。

香奈儿常常邀我去她的工作室，就在康朋街商店六层楼梯的上面。首先，你会看到一组漂亮的旋转楼梯，通往沙龙的那一层——也就是那条著名的镜子台阶——之后，你就会发现自己站在一个活动梯

1　原文为法语：Chère。

子前面，还要再继续爬五段阶梯。简直是快要了我的命。我只要一到房子的大门前，就已经有人在那里等了，说："夫人，小姐在等着您呢[1]。"

好家伙，爬上去之后我总会喘不上气！之后她就会帮我试衣。可可对衣服的袖子极度执着。没有一次她会觉得自己做出了最最完美的袖子——做出了她想要的袖子。她总是用剪刀把袖子剪下来，把裁缝弄得快要发疯。她会亲自动手给我别上别针，给我量尺寸，同时她就会不停地讲啊讲啊，告诉我她各种各样在哲学方面的思考，比如要"生气勃勃地生活"或者"像男人一样变老"，我就会说，"我的观察是，大多数男人会像女人似的变老。"然后她就会说，"不，你错了，他们很有逻辑性，他们面对现实"——与此同时我的两只手就一直举在空中！接着如果她真的很想和我聊天，就会在我的两只手臂下都别上别针，于是我就一动不能动，也没办法插嘴！

她常常坐在镜子台阶的最上面看自己的发布会。过去她经常独自坐在那里，发布会结束之后你上楼去看她的时候，她完全知道你对发布会的看法。

她是个不同寻常的女人。有种女人的敏感！非常迷人！每个人都会爱上她。她有种催眠般的力量，是那么的与众不同，叫人心烦意乱，又是那么的诙谐机智……任何人都没办法和香奈儿相比。她们没有她那种魅力！也没有她时髦。她是法国人，别忘了——彻头彻尾的

1　原文为法语：Mademoiselle vous attend, madame。

法国人！

每个人都在猜她的出身到底是法国的哪里。她会今天这样说，然后明天那样说。她是个俗人——也是个天才。一个人要么是俗人要么是天才，但她两者都是。

威斯敏斯特公爵（Duke of Westminster）[1]和德米特里大公爵（Grand Duke Dmitri）[2]是她命中注定的两个男人。她从他们那里学到了关于奢侈的一切，没有谁的奢侈品位比可可·香奈儿的更好了。

德米特里大公爵是我见过的最英俊的人……他穿西装的样子很帅！还有他穿着靴子的两条腿！我的老天爷！他对钓鱼和狩猎更感兴趣——就像所有俄国男人那样——但他真是个美男子！好了，究竟拉斯普京（Rasputin）[3]是不是他暗杀的，谁知道呢？来巴黎之前，他从没有离开过他父亲的宫殿，在巴黎，我估计他连一张自己的床都没有，他身无分文。香奈儿发现了他，帮助他恢复了元气；她为他准备了漂亮的房间，很好的贴身男仆，非常漂亮的法兰绒衣服，以及一个绅士所喜欢的一切。从他那里，她学到了所有关于最顶级珠宝和最顶级的上流生活方式的一切。然后她和威斯敏斯特公爵走了。他爱她爱得发疯，但是她拒绝嫁给他。她说之前已经有了三位威斯敏斯特公爵夫人，但可可·香奈儿只有一个。她从他那里学会了品鉴下午茶，也了解到

---

1 休·理查德·阿瑟·格罗夫纳，威斯敏斯特二世公爵（Hugh Richard Arthur Grosvenor，1879—1953），是英国的地产主和世界上最富有的人之一。

2 德米特里大公爵（Grand Duke Dmitri，1891—1942），沙皇俄国沙皇亚历山大二世之孙，保罗大公的长子，也是末代沙皇尼古拉二世的堂弟。

3 拉斯普京（Rasputin，1869—1916），俄罗斯帝国神父，尼古拉二世时期的神秘主义者、沙皇及皇后的宠臣，被认为是俄罗斯正教会中的佯狂者之流，于 1916 年 12 月 30 日被人合谋刺死。

了英国贵族乡村别墅里的生活。他们一起骑马，她成了一个出色的女骑手。公爵在英格兰有大约七处产业，是世界上最伟大的地主，在沙皇时代拯救了那些俄国人。这是多么的优雅！一举手一投足都是一位公爵的标准！他的鞋带每天都要熨。他坚持这么做。但那是无关紧要的事情，鞋带没什么可熨的。

他的名字，本德(Bendor)——来自一匹赛马，是德比赛马的冠军。那个时候有好多人的名字源自于马。我在伦敦有一个很棒的朋友，叫莫维思·曼森夫人（Lady Morvyth Menson)。我问她，“看在老天爷的份上，是谁给你起的莫维思这个名字？”她回答说，“我出生的时候，父亲正在某个地方比赛。而我母亲难产快要死了，但是身边除了仆人之外没有人能作决定。‘我们得给孩子起个什么名字。’于是他们就用了一匹小马的名字。真是个漂亮的威尔士名字，不是吗？”

其实，大多数人的大多数东西，都是从某些事情上学到的——我不是说所有，但是大多数是。从那个英国人身上，从她和威斯敏斯特公爵一起生活的日子里，香奈儿了解了什么是奢侈，她见识了伊顿公学男孩子的校服和男人们打猎时的着装。她又从俄国人那里得到了罗曼诺夫的珍珠。德米特里逃出俄国时就和你逃离火灾现场的样子差不多——但是他还有珍珠。他都送给了香奈儿，然后她照着做出了后来全世界的女人都认得出，也都会佩戴的，不管是人造的还是养殖的——那种长长的、长长的珍珠项链……

还有俄国的衣服！我现在还记得，可可在1930年代的时候定期会去莫斯科。几年之前我曾经和汤姆·霍温（Tom Hoving）[1] 去了俄国，为大都会博物馆筹备俄罗斯服装主题展，我去了历史博物馆，在那里看到了展出的富裕农民的衣服。回到酒店后，汤姆问我看到了什么。“嗯，”我说，“看到很多非常漂亮的衣服——当中有不少我自己也穿过。”他像看着一个疯子似的看着我。“其实，”我说，“这些都是香奈儿在 1930 年代的设计风格——宽大的衬衫、紧身背心、帽子头巾……”

一个在 20 世纪二三十年代穿着香奈儿衣服的女人，就像五六十年代穿着巴伦西亚加的女人一样——当她们走进房间的时候，都会自带一种威严和权力，一种超越了品位的东西。

我说的不是后期的香奈儿，那时候巴黎的街头到处都是香奈儿，她从中获得很大的乐趣。战后她的商店重新开张，希望让香奈儿品牌重新流行起来。人们说香奈儿把衣服给顾客或媒体看之前，先拿给抄袭者看了。她已经进入了自己人生的一个阶段，也就是她已经把所有的事情都做过了——一切都做过了——所以她需要取悦她自己。

老天爷才知道，香奈儿在战后推出的那些套装系列是在什么时候设计出来的。

但是那些剪裁、线条、肩膀、袖笼、裙子，从来不会太短，从来不会让女人坐下的时候有失端庄——那些衣服即便在现在穿也是正确的选择。

1　汤姆·霍温（Tom Hoving，1931—2009），纽约美国大都会博物馆的主管和顾问。

1930年代中期，我刚刚和可可成为朋友的时候，她真是漂亮极了。她的皮肤是明亮的深金色——宽宽的脸庞，还有一只不屑一顾的鼻子，就像一头小牛，还有杜博尼酒红色的双颊。战前她住在巴黎圣·奥诺雷街上的一栋房子里。房子有一个带喷泉的巨大花园，在那个花园里举行过最美丽的沙龙派对，她那只著名的科罗曼德尔屏风把那些房间隔成了最富魅力的地方。她在那里迎接来自全世界的客人。围绕在她周围的人简直构成了一个完整的小社会——艺术家、音乐家、诗人——所有人都为她着迷。让·科克多（Jean Cocteau）[1]爱她，贝贝·贝哈德爱她，还有毕加索……在那个时候开着他那辆明黄色的希斯巴诺-苏莎(Hispano-Suiza)[2]车子带着他当时的情妇在巴黎兜风，那真是个精彩的画面！

可可·香奈儿凭借她的智慧和品位在巴黎成了一个人物。你会敬畏她的品位，她让你无法拒绝。绝对是这样。在她去世的前一年，我收到了和她在康朋街公寓共进晚餐的邀请。那顿饭是为温莎公爵和公爵夫人准备的。尼基·德·冈茨堡(Niki de Gunzburg)[3]打电话过来说，“你接到可可的邀请了吗？那好，我带你一起去，一共只有六个人，一定会是个愉快的晚上。”

可可那间漂亮的画室还有那间豪华的餐厅，我已经去过很多次

1　让·科克多（Jean Cocteau，1889—1963），法国诗人、作家、设计师、剧作家、艺术家和电影导演。

2　希斯巴诺-苏莎（Hispano-Suiza），老牌西班牙汽车厂商，曾在20世纪初期为西班牙皇室生产御用座驾。

3　尼基·德·冈茨堡（Niki de Gunzburg，1904—1981），出生在法国的杂志编辑，有俄罗斯犹太血统的波兰及葡萄牙裔社会名流。曾经担任几本杂志的编辑，包括《时尚》和《芭莎》杂志。

了。炉火在烧着，地板上摆放着漂亮的青铜动物。

但是，我从没看到过那个房间在那天晚上的样子，每样东西都在闪闪发光。他们很周到地点起了壁炉，虽然当时还没那么冷，但因为是巴黎，所以天气有些潮湿。我和尼基是最先到的，然后他们说温莎公爵夫妇到了。可可迎了上去，我还从没见过有哪一个女人像她那样看着一个男人。我形容不出来。侍者端酒给他们。他们的眼光就再也没有离开过彼此。公爵和她一样，对眼前的这个人着了迷。

然后他们坐到了沙发上，用很低又很欢快的声音交谈着，好像别人都不存在，其他人走出门去走到大街上他们也毫不在乎。时间就这样一点点过去。终于，赫尔夫·米勒（Herve Mille），我们六个人当中的一位优雅的男士说："可可，我以为我们是过来用晚餐的。"

于是可可的眼睛——当天晚上第一次——从公爵的身上移开，示意了男管家，接着我们就走进了饭厅。她坐在他的右手边……两个人继续交谈了起来。毫无疑问，他们两个曾经有过一段浪漫的时光。我的意思是，即便最笨的人也看得出来，我这辈子从没见过这样强烈的感情。

第二天早上我多睡了一会儿。我问电话接线员，"有没有电话打进来？"她说，"是的夫人，温莎公爵夫人打来过五次[1]。"她从早上八点钟就开始打电话，你知道的，她从来不睡觉。我打回给她之后，她说，"老天爷，黛安娜，昨晚那样的晚餐可真的是少见！"

1　原文为法语：Oui, Madame la Duchesse de Windsor a téléphoné cinq fois, madame。

温莎夫人没有感到任何不快，她只是等不及要在第二天早上和我通话聊一聊。

香奈儿去世后——之前她从没生过病；她已经在两周或三周前完成了新一季的时装发布——她的秘书找到法国版《时尚》杂志的苏珊·特莱（Susan Train），送来一只黑色天鹅绒小口袋和一张字条，上面写着："致弗里兰夫人，小姐上[1]。"

在那只袋子里，是一对香奈儿经常戴的珍珠耳环。是真的珍珠——尽管她很少戴真的珠宝。实际上，在她去世那天，据我们所知，她收藏的所有珠宝——包括德米特里大公爵送给她的那条著名的罗曼诺夫珍珠项链——全部不翼而飞了。

你不觉得好奇吗？她怎么会把这对耳环送给我？我在她面前总是会有一点紧张。当然了，她偶尔也会让人难以忍受。她讲话很刻薄。有一次，她说我是她见过的最装模作样的女人。但那就是可可——她发表过很多意见。在这世上的人们发表过太多的意见，到头来都差不多。可可从来就不是个亲切的女人……她真是一个神圣的怪物[2]，但她是我见过的最有趣的人。

有一次，可可从夏威夷返回巴黎的路上需要在纽约停留一晚。我说，"你愿不愿意顺便过来一起吃晚饭？"她说，"不，不，不。太麻烦，我太累了，也太无聊！我实在等不及要回巴黎去了。"但是之后又有人打来一通电话："如果可可小姐可以不讲话的话，她愿意来吃

1 原文为法语：Pour Mme. Vreeland de la part de Mademoiselle。

2 原文为法语：monstre sacré。

晚餐。”我回答说晚上一共就四个人，如果她愿意，甚至可以不坐在餐桌上——但是我很想见她。她不经常来美国；我想一共就来过三次。在那个时候法国人很少横跨大西洋。我完全不明白法国人为什么不喜欢旅行。当然了，他们什么都抱怨……他们连法国都抱怨。

于是可可和一位很有魅力的男士一起来了，是个法国人，当时和她一起旅行的。她坐在位子上，交叠着双腿，然后就开始讲话。晚餐时候到了，她坐到餐桌上，桌上所有的东西她都吃了。整个晚上她都滔滔不绝。吃到一半时她问道："我们能不能给赫莲娜送个消息？"——她说的是赫莲娜·鲁宾斯坦（Helena Rubinstein）[1]。你有没有看过她的照片？真是叫人惊艳。一个华丽的波兰犹太女人。太华丽了！于是我给赫莲娜打了电话说，"我们已经吃了一半的晚餐，如果你不介意在晚餐之后来的话，可可很想见你。"

她来了。当时是夏天。可可穿了一件小的白色绗缝缎子衫，短裙，长度超过膝盖但是是短的，一条白色的缎带，头上插了朵栀子花，还穿着一件白色的蕾丝衬衫。我从没见过谁看上去有她那么令人愉快又讨人喜欢。当时她多少岁了？她去世的时候 88 岁。但是这又怎么样呢？赫莲娜·鲁宾斯坦穿了一件华贵的垂地长外套。我说"华贵"的意思是那件外套的纽扣孔都是那么的漂亮，领子非常高，外套的颜色是中国丝质地的亮粉色。两个女人先是面对面站着，接着就一起走进了里德的房间。过了一会儿我忍不住走进去看看她们两个怎么样了，

1　赫莲娜·鲁宾斯坦（Helena Rubinstein，1870—1965），美国波兰裔女商人、艺术收藏家和慈善家。全球第一个国际性化妆品牌的创建者，世界上最富有的女性之一。

我当时在想她们会不会商量着要一起自杀！但是她们连动都没动。赫莲娜说，“我只喜欢你丈夫的房间，我很喜欢这里。”于是她们两个整晚都待在房间里，聊着只有天晓得的事情。我进去了几次去看她们，她们一直都没有坐下。她们站着——像男人一样——足足聊了四个小时。我从没见识过这样强烈的性格。她们两个都是。她们俩都算不上真正的美人，也都出身于无名之辈。但她们两个比如今我们谈论的有钱男人都还要富有得多。她们都是凭自己的本事。当然了，她们两个都遇到过帮助她们的男人，但她们的每一分钱都是自己挣的。你问她们快不快乐。这不是欧洲人的方式。快乐不快乐——牧场里的牛才在意这个。但我认为她们是快乐的，至少当她们手里握着权力的时候，在掌舵的时候，在她们安排一切事情的时候，她们是快乐的。她们确实如此——这两个女人都掌握着各自的帝国。

第二十一章

我太爱巴黎了！我在 1920 年代和 1930 年代去巴黎的时候，曾经住在豪斯曼大道上一间可怕的酒店里，里面住的都是三等印度人。他们常常在大街上扼住女人。我的女佣被吓坏了：“真是一些粗野可怕的人！我们为什么住在这里？”噢！我们住这里当然是因为这里便宜，而我把钱花在了别的地方。

午餐从不是我一天当中的重头戏。我总是在酒店的小房间里用午餐，我住的是廉价酒店，以节约时间，这样之后我可以直接回去做需要做的事。

在那个年代，晚上是要跳舞的。还要穿衣打扮！别忘了，我们一直都会穿得很漂亮。我的意思是说，我们去 54 俱乐部的时候总是打扮得很新潮。

我曾经把一整天的时间都花在试穿衣服上。以前我是需要试穿睡袍的，一件睡袍我要试穿三次。你能想象吗？人们会问，你为什么要这样做？因为定做睡袍就是这样子。太漂亮了，花费大约 12 美元。你真应该看看那些面料。有那么多种面料可以选！各种绉纱，各种缎子。不同的重量。不同的颜色——米灰色是灰色和米色的混合色，在今天再也见不到了。蕾丝！还有它们组合在一起的方式！这就是我当时生活的一切。时尚的生活其实是很烦琐的。我会花上一整个下午的时间去试衣服——很费力的，毫无疑问——费力极了。还有鞋子。手套在亚历山大（Alexandrine）定做。帽子——要在瑞布（Reboux）和苏西（Suzy）定做。

我不晓得在美国怎么买东西。在巴黎，去看时装发布会是一桩事情，去试衣服是另外一桩事，都很有效率。法国人很聪明——他们是很好的生意人。那些地方经营得都很好。但是在美国就不一样了，布卢明代尔百货公司（Bloomingdale's）简直是购物的噩梦，因为那里没有人为你服务，你只能在那里欣赏那些东西。接着你看到一个男人，你觉得他应该是个店里的巡视员吧："对不起，女士，我帮不了你。我和你一样，只是在找人帮我的忙。"于是你含着眼泪走到外面的大街上：不但没有获得任何成就感，而且你还失去了健康！

或者，比如我去萨克斯第五大道精品百货店，他们会把整整两打五千美元一条的裙子都挂在一个带轮子的货架上。就那么挂在架子上！我惊呆了。我想说，首先，进到萨克斯店里这件事本身就够隆重了：你走出电梯，发现自己在错误的楼层；你转身走回电梯。接着再走出电梯，走过内衣部，走过化妆品部，接着走上数英里，穿过卖鞋子的区域，最后你终于看到了那些五千美元一条的裙子，摇摇晃晃地挂在上面，奥斯卡·德·拉·伦塔（Oscar de la Renta）和比尔·布拉斯（Bill Blass）[1]设计的裙子就这样和其他的裙子一起被挂在架子上。当然了，很多人喜欢一下看到各种不同的设计。他们虽然空着手回家，但是感觉已经买过东西了，就像是一种体育运动。在巴黎，这是人们一辈子当中一直持严肃态度去做的事情——也许一年有两次，就像朝圣一样。

去巴黎看发布会的时候，我总有机会见到贝贝·贝拉德，他真是个令人愉快的艺术家。那边墙上挂着的就是他画的一幅速写。对我来说，贝贝·贝拉德就像是来自查理曼大帝（Charlemagne）[2]时代的人。别问我为什么，我就是这么觉得。他有一双世上最清澈的眼睛。他为什么一定要有这样一双眼睛，我也不知道。

他是我在巴黎非常要好的朋友。巴黎所有有才华的人都是他的朋友。仿佛他把手放在哪里，哪里就有点石成金的效果。无论是艺术、时尚、芭蕾，还是戏剧……贝拉德把每个世界都连在了一起。

然而与他贡献的相比，这个世界留下的他的东西少得可怜，这是

1 比尔·布拉斯（Bill Blass，1922—2002），当今世界上获得最多赞誉的美国设计师之一。

2 查理曼大帝（Charlemagne，742—814），法兰克王、西罗马帝国皇帝。

让人非常难过的事情。他曾经做过很多场景调度工作[1]，但是我看到的那些制作……对我来说，全世界只有贝拉德做的才称得上是舞台布景。

有一次他制作了莫里哀（Molière）[2]的戏。我不记得是哪一部，我想可能是《女子学校》（*Ecole des femmes*）吧。场景是从一个玫瑰花园开始的，到处都是玫瑰树丛，还有生长在树丛下面空间的低矮植物，还有玫瑰棚架，覆盖了整个舞台，所有演员都在这些树丛当中穿进穿出，接着……舞台的灯光暗了下来。灯光昏暗着，然后慢慢地……放下来一只大吊灯！接着是另一只，接着是另外四只，我们看到了一间大画室。听起来好简单。我讲得轻描淡写。但是除了贝拉德谁也办不成。

还有……他制作的《疯狂的夏洛特》（*La Folle de Chaillot*）！在一间牢房里，一个疯老太太正在说着早上起床的事，她如何为自己化妆，然后看着镜子里的自己，眼睛里慢慢有了神采……像一场疯狂又有诗意的梦……当然了，那段独白是剧作家季洛杜（Giraudoux）[3]写的；但是贝贝设计的舞台布景，让你看到那个可怜的老女人睡在牢房里的一团破布上……那是你这辈子见过的最高的舞台布景。舞台上的一切——所有的一切——都是破布条、破布条、破布条……但是当中却有一种很美的东西。过了好多年，我有一次读《时尚》杂志的文章，

1　原文为法语：mise en scène。

2　莫里哀（Molière，1622—1673），法国剧作家、演员和诗人，被认为是法国语言和世界文学中最伟大的作家之一。

3　让·季洛杜（Jean Giraudoux，1882—1944），法国小说家、散文家、外交家和剧作家。被认为是“一战”和“二战”期间最重要的法国戏剧家之一。

季洛杜描写的就是疯女人晨起梳妆的那段。后来有天早上，我在化妆的时候突然想起了这一切。

当然，戏演完了，舞台布景就要被丢掉。遗憾的是，世界上没有地方能用来存放那些用过的舞台布景。留下的只有你的记忆，就像是做过的一场梦。

贝贝总是对我说，“你一定得和我一起，我们两个去拉雪兹神父公墓（Père Lachaise）里散散步，一起看看我们那些老朋友们。”刻在石头墓碑上的每一个名字，自然都是我们小时候就听过的名字——那就是文明。我相信那一定会非常有趣，但是从来没能成行。不过，星期日的时候，我们倒是常会去巴黎郊外不远的一座破败的城堡。城堡里面是空的，我们常常在里面四处走走看看，看墙上挂着的那些漂亮的动物——牡鹿、狗，还有马……如果你看过科克托的那部电影《美女与野兽》（*La Belle et la bête*），就会明白了。

尽管我很了解贝贝，但是我从没真正了解过让·科克托。不过我倒记得在战前，有一晚我和科克托在他酒店房间里发生的事。那是一间有点古怪的小酒店，位于巴黎右岸靠近康朋街的一条你从来不会注意到的小街上。房间很窄也很简单，有一张铁架床，但在旁边的一张矮桌上，非常奢华地放着吸食鸦片的全套东西。科克托躺在床上，喉咙上像强盗一样勒着一条红白相间的小手帕，他将那条手帕紧了又紧。我之前从没听过这个说法，之后也没有再听说过，但是他们说那个会压迫他的甲状腺，压力能给他带来刺激——谁知道是真是假。

房间里烟雾弥漫，科克托一直在讲话。我不知道在那个时候他已经吸了多少袋，但肯定很多。我觉得有点脱水，喉咙干得快要裂开了，但他一直讲个不停，我都没有办法插嘴要一杯水。他叫让·马莱（Jean Marais）[1]跪在床的一侧，叫另外一个漂亮男孩跪在另外一侧，就像是巴洛克的大天使……我当时是个晚来的观众。所以他就在那里不停地说啊说啊。我当然是听得很入迷。他说得精彩极了，奇妙极了……就像出现在一股青烟当中的一个令人欣喜若狂的美梦。至于他讲了什么，我一个字都不能告诉你。

终于，到了凌晨一点半的时候，我实在受不了就离开了。回到自己住的酒店之后，我想我足足喝了六瓶水。然后……第二天早晨睡醒后我头晕目眩，那种晕眩我觉得连水手都吃不消。我就像被锁进了纽伦堡的铁处女刑具[2]里，刀尖就抵在我的脑袋上。

有一次，我对女佣说，全世界最让人兴奋的事情就要发生了。贝拉德先生正计划来纽约一趟，来美国！你知道法国人有多讨厌旅行——但是贝拉德还是要来。我们不清楚他什么时候到，甚至也不知道他究竟会不会来……但是我们还是期盼着。直到有一天女佣过来对我说，“夫人，我见过贝拉德先生了。”我说，“你怎么知道是他？你都没见过他。”“但是夫人，他就像你形容的一样——小个子男人，舞蹈家，穿着尖尖的鞋子，眼睛只往天上看。”

我真是太高兴了！她总结出了我对他的全部感觉，她在街上和他擦肩而过，当即就认出了他。

1 让·马莱（Jean Marais，1913—1998），法国演员、作家、导演和雕塑家。

2 铁处女（Iron Maiden），中世纪欧洲用来处决、拷问的一种酷刑刑具。

第二十二章

每次我去巴黎看时装发布会的时候，总会顺路也去看看贝拉德，每次我都会住在克里雍大饭店。在那些年里，当我住在那里的时候，克里雍还是一个挺老派的地方，总是会让你觉得它对隐私保护得很周全。你走进酒店，外面的人是进不来的。你坐上电梯直接进到自己房间的楼层，就是这样。你也不会知道另外还有谁住在那里。每个人都把你照顾得好极了。所有人，没有一个人，会有哪怕一丁点失误：他们不会在差十分七点的时候给你打电话，而是准时在差一刻七点的时候打给你。其他的事情也是一样出色。

有一些酒店出色的原因是因为门房。罗马大酒店吸引到了我，就是因为他们非常出色的门房，布佐（Buzo）。你认识他吗？他是世上最英俊、最可爱、最兴致盎然的人……他让你觉得好像全世界的人都不存在，只剩下了一个人，而那个人就是你。他对待所有客人都一视同仁。他可以这边和在埃及开罗的什么人讲着阿拉伯语，然后又拿起另外一台电话，开始对着婆罗洲的什么人讲着只有老天爷才知道的什么语言。

我曾经在午夜时分到达酒店，之前才刚刚打过电话，我到的时候他已经在那里等我了，我的房间已经准备好，里面的一切都让人满意。你可没办法从法国人或者英国人那里得到这样的待遇。

你知道伦敦杰明德街的卡文迪什酒店吗？那座酒店的拥有者是罗萨·刘易斯（Rosa Lewis）[1]，她曾经是爱德华七世的情妇，后来被他交到了里布利斯代尔勋爵（Lord Ribblesdale）手上，约翰·萨尔基特（John Sargent）[2]曾经为后者画过画像——就是那幅戴着高帽子的漂亮的画。他把这座酒店留给了她，酒店有点破败但还是很有特色。在收费上她也是很任性的。如果她喜欢你，或者她知道你是个穷学生，没什么钱，你就可以住在那里，几乎一分钱都不用花。但如果你名头很大，特别是如果你是从美国来的，她可真的会狠狠地宰上一刀。

1 罗萨·刘易斯（Rosa Lewis，1867—1952），伦敦卡文迪什饭店的所有者和厨师，她的烹饪技巧受到爱德华七世的高度评价，据传她在 19 世纪 90 年代曾与爱德华七世有过婚外情。

2 约翰·辛格·萨金特（John Singer Sargent，1856—1925），美国肖像画艺术家。

有一次我和银行家莫蒂默·斯契夫（Mortimer Schiff）[1]的女儿多莉·斯契夫（Dolly Schiff）一起在伦敦——应该是在 1930 年或 1931 年——多莉说：“我们去卡文迪什酒店吃午饭吧。”

我说，“我从没听说谁在那里吃午饭的。我都不知道他们有没有餐厅。”

“当然有餐厅了。”

门房是一个小个子男人，他向我们走了过来。

我们说，“我们想吃午饭，稍稍吃一点。”

几分钟之后，一只白色的小猎犬出现了，紧接着，罗莎本人出现了。她真是个大个子的女人，占了很大的空间。她手上拿了一瓶香槟酒，说：“年轻的女士们，你们俩都是美国人吧？”她非常非常想知道我们的名字。如果多莉告诉她她姓斯契夫，那我们俩肯定就跑不掉了，我们就得为某个在酒店住了一个礼拜但只付了几先令房租的客人付上他应付的那五十块，只因为她喜欢他们。

她从她的私人客厅里拿出一张小牌桌，把香槟放在上面。我从没吃过这么棒的午餐。但是她一直在不停地试探，想搞清楚我们是谁。最后，终于她说，“好了，你们想不想参观几个漂亮的房间？”

“那当然太好了。”

多莉说，“我在皇家缝纫学校有一堂课要上”——她确实是，不是借口——“而且我不能迟到，我要先走了。”

1　莫蒂默·斯契夫（Mortimer Schiff，1877—1931），美国银行家。

她上了我的车。我只好待在酒店里，有些惊慌。罗莎·路易斯把我带到了楼上，打开一扇门说："少校！少校！你在吗？我给你带来了个美国女孩！"她把我推了进去，接着继续把我推到浴室里去，一个老男人——你简直不敢相信——正躺在他的浴缸里，那个老男人躺在一口装饰着兽脚的巨大浴缸里瞪着我。

我说，"实在是很抱歉。我想我们都了解酒店的女主人：她精力非常充沛而且很……顺便问候您——下午好。"

然后我就冲下了楼，用最快的速度跑了下去，离开了那里。去哪儿都行！我沿着后面的楼梯跑下来，跑到杰明街上，拦了一辆出租车！

真是一场奇遇！

你知道我总是会和出租车司机之间发生一些不寻常的对话吗？他们挺有想法，这一点我可以告诉你，在任何事情上都有想法。有一天我在公园大道的拐角招到一辆出租车，上车之后我叫他带我到博物馆去。那天是周一，我回去上班，于是我把工作文件拿了出来，伸了伸腿，一个人乘出租车的时候我总会这样做。出租车开过差不多五个街区之后，停在了红灯前面，司机说，"夫人"——我知道他通过后视镜看了我足足五个街区——"您介不介意我问个问题？您还记得吗，在战争期间，我开车载着您和克拉克·盖博（Clark Gable）[1]去长岛那边，看你们的朋友米利森特·罗杰斯（Millicent Rogers）[2]？"

1　克拉克·盖博（Clark Gable，1901—1960），美国电影演员，有"好莱坞之王"之称。

2　米利森特·罗杰斯（Millicent Rogers，1902—1953），美国社会名流、时尚偶像和艺术收藏家；石油大亨亨利·赫特尔斯顿·罗杰斯（Henry Huttleston Rogers）的孙女和财富继承人。

“是的，”我说，“我记得很清楚，而且我也记得你。”

在战争期间米利森特曾经雇过这个司机。因为天然气配给制度的原因，那个时候她不能有私人汽车或私人司机。但是她很喜欢这个男人和他的车，可以说他后来都成了她家庭的一员。她会叫他和她的女佣一起出门去，就是为了给一只拖鞋配上对，或者如果她需要女佣留在家里，就会叫他单独出去，为这个颜色的衬衫或者那个颜色的羊毛衣找搭配……到后来，他全职为她工作，任何时候我和她想要去哪里，她都会叫这个司机开着这辆车送我。他算得上唯一深得她心的出租车司机。

他一直没有转过头来看我。他通过后视镜看我，然后接下来的一路我们一直在谈论米利森特·罗杰斯。

我没有给他很多的小费，那样会有点瞧不起他。但是下车的时候我说，“我们两个都不会忘记那个漂亮女人的，对吧？”

说起风格，米利森特和埃尔西·门德尔是博物馆里“美国时尚女性”展当中我最熟悉的两位。米利森特在奥地利的圣安东常住。她曾经做过一件很有意思的事情，她会去因斯布鲁克，把博物馆里展出的所有 19 世纪服装都照着画下来，然后交给乡村裁缝去照着缝制。然后她会穿着一件非常漂亮的黑色西帕雷利套装出现在法国巴黎……用来搭配的是一件她叫人在村里制作的衬衫，还有一顶精彩的帽子。有时候她也会戴一顶很时髦的帽子，然后搭配阿尔卑斯山区农妇穿的那种紧身连衣裙。

我有没有和你说过我在纽约的老丽兹·卡尔顿酒店派对上第一次

见到米利森特那个晚上的事？她当晚先穿了一条帕康（Paquin）[1]设计的裙子——黑色的绸子面料，带着裙撑和拖尾。结果上甜点的时候，她弄洒了一些冰激凌在裙子上，于是去换了另外一条裙子。上咖啡的时候，她又弄洒了一些，于是又去换了另外一条裙子。米利森特是个地道的美国人：标准石油——也就是 H.H. 罗杰斯（H.H.Rogers）[2]在和米利森特的母亲离婚之后，他为了获得自由走过了一段又一段婚姻，但是接着又会娶下一位。然后小报就挖出来一条又一条的新闻：他的一位前妻把玻璃吞到了肚子里，另外一位前妻把火药塞到了什么部位里……丑闻一件接着一件。

米利森特喜欢漂亮男人，她迷上了克拉克·盖博。简直是对他着了魔！他们俩当时确有一段风流韵事。他其实也不是那么帅，他的头长得太大了。而她风情万种得简直叫人无法招架……真是够克拉克应付。也许换做欧洲人可以，但他是美国人，而且非常天真[3]。他喜欢肉和土豆——还有性。我敢肯定克拉克对她从没有过不忠诚这种寻常的背叛，但是他酒喝得很凶。克拉克会叫上三箱苏格兰威士忌，把自己锁在酒店房间里，然后就留话说什么电话也不要接进来。他不刮胡子也不洗澡——就是喝酒。十天之后，或者两周之后，他才再次出现。

真希望我也能有他那样子的眼睫毛！我从没见过另外还有哪个男

1　珍妮·帕康（Jeanne Paquin，1869—1936），法国著名时装设计师，以现代的创新设计而闻名。她也是第一位在纽约等世界大都市开设分店的女设计师。

2　亨利·赫特尔斯顿·罗杰斯（Henry Huttleston Rogers，1840—1909），美国实业家和金融家，拥有美国标准石油公司。

3　原文为法语：naïve

人有像他那样漂亮的眼睫毛——我也没在其他人类身上见过。那简直就是设得兰（Shetland）矮种小马的眼睫毛。有可能你没有我和设得兰矮种马那么亲近。它们很会制造麻烦——可是它们长着你在所有其他生物身上都看不到的最长、最毛茸茸的眼睫毛。克拉克就长着它们那种眼睫毛。

我还记得有一个晚上我和他在纽约的摩洛哥俱乐部（El Morocco）吃晚饭，当时他正红得发紫。到了餐厅，我们先站在红色天鹅绒幕布后面。那个时候消息已经传了出去，盖博先生来了。餐厅老板约翰·佩罗纳（John Perona）先生过来带我们入座。克拉克抓住我的手。“别往左边看，”他说，“也别往右边看——只管朝前走。抓牢你的帽子，孩子——这里马上就要沸腾了！”

他说这话的时候……整个餐厅都疯狂了起来——疯狂！那些人的眼光！他们全部把身子探了出来！我说的可是那些见过世面的人们……简直都变成了动物[1]，整个餐厅就像个叫声不绝的动物园。那个餐厅确实是沸腾了。这世上最让人上瘾的东西一定是权力——在各种各样的权力当中，最让人陶醉的就是名誉。

“抓牢你的帽子，孩子……”，克拉克就是这么说的。千真万确。我没戴帽子，你应当能想象得出来，我当时戴的是一顶我在 1940 年代常常戴的——发网。

1　原文为法语：animalique。

第二十三章

记得我为《芭莎》杂志工作的时候，赫斯特每年付我 18 000 美元的薪水，付了 28 年。赫斯特的钱一定都流到圣西蒙了，反正我是一丁点儿都没见到。

我一定是赫斯特集团拥有过的最划算的东西。我从来不知道怎么从他们那里搞到钱，也许这就是他们喜欢我的原因。他们的名声也从来和慷慨、大方沾不上边儿。这也是我最终离开的原因。

卡梅尔·斯诺一度是个好编辑。她一直对杂志事务充满了热情，直到我在杂志的最后几年，她才慢慢不到办公室来。我猜她是受不了那个压力，大约是失去了干劲。有两到三年的时间，她渐渐淡出，虽然我从没想过，那些年里其实是我在负责着杂志，但我差不多就是在做这样的事情。28 年后，1959 年，赫斯特集团给我涨了薪水——1 000 美元。你能想象吗？就像有人为你做了 28 年的厨师，你会就给他这个吗？

在杂志工作期间，如果要涨薪水，只能和一个人去谈，那就是理查德 · 柏林（Richard Berlin）[1]。他帮着老 W.R. 赫斯特在管理出版集团。我离开《芭莎》杂志 15 年之后，有天晚上，我正和安迪 · 沃霍尔还有波尔斯工厂餐厅的几个男孩子一道吃晚餐。理查德的女儿布莉姬 · 柏林（Brigid Berlin）来到我们的桌子。她看上去很漂亮。她父亲当时坐在餐馆中央的一张桌子旁。那时候他的日子过得很舒服，但是完完全全还活在过去。他仍然是个很帅的男人。过去他曾经是温莎公爵的好友，着装也十分漂亮得体。没有人还会像他那样系领带，包括温莎公爵本人都不会。我还记得公爵说过，“迪克（理查德的昵称），没人系得出你那种领带。”

布莉姬到我们桌子这边后，迪克也来了。他站在我身后，双臂环抱着我的肩膀，对餐厅里所有的人说：“没有这个孩子”——指的是我——“就没有赫斯特出版集团，所有的事情都是她在负责。”接着他开始大喊“本街区最伟大的编辑……”之类的。他完完全全是活在

1　理查德 · E. 柏林（Richard E. Berlin，1894—1986），赫斯特基金会总裁兼首席执行官。

过去。

布莉姬打断了他，说：“好了，别忘了，你得给黛安娜涨薪水，她想要涨薪水，爸爸。”

于是她爸爸就回答道，“不管她要什么，我们都给！！”看上去他完全没意识到当时是什么情况。

在他的鼎盛时期，赫斯特集团可没有这么大方。所以当《时尚》杂志的人——帕特·帕特维奇（Pat Patcevitch）和亚历克斯·利伯曼（Alex Liberman）——来找我的时候……突然之间，我决定想要听一听他们想和我说些什么。他们希望我去《时尚》杂志。我说，“听着，《芭莎》杂志的一切我都很喜欢。现在这个地方我很喜欢。你们要多出一些。”

“我们会给您月亮和六便士。”他们说——他们也确实这样做了。他们给了我一大笔薪水，还有无限制的报销额度……另外只要我愿意，我还可以随时去欧洲。

这就是吸引到我的原因。在《芭莎》杂志，巴黎时装周的相关报道总是由卡梅尔·斯诺来写。而我在美国已经看了太多，也想回到欧洲去。于是我就跳槽去了康泰纳仕集团的《时尚》杂志。

我曾经爱过康泰，你知道的。发生在 1929 年的股市大崩盘，把他完全打垮了。1 800 万美元，想必是他一辈子的积蓄。他死在 1942 年。我很欣赏的山姆·纽豪斯（Sam Newhouse）[1] 告诉我，他花

1 山姆·纽豪斯（Sam Newhouse，1895—1979），美国广播商人、杂志和报纸出版商。

了 100 万美元从康泰纳仕集团手里买下了《时尚》杂志，作为圣诞礼物送给了他的妻子米茨（Mitzi），想看看她能搞出些什么名堂来。康泰死了，再没有哪个人像他那样在血管里就流淌着出版天赋，一个都没有。

到了《时尚》杂志后，他们把康泰的办公室给了我。我简直是受宠若惊。他的办公室实在太大了，于是我做了件很糟糕的事。我对帕特维奇说，“听着，帕特，我实在没办法坐在办公椅上一直看着别人要走那么远的路才能走进我的办公室。实在没办法。我总是忍不住想说，‘快点走，快点走。’”于是我把房间改短了——你能想象吗？——我加了一个隔断。感觉就像是隔断了罗马的圣·彼得大教堂。

我要了一间很大的秘书室，里面有三个秘书。我的英国秘书们很棒，她们把一切都打理得井井有条，这样我早上来的时候看上去会觉得很有条理。有些人的办公室会放那种很大的圆形桌子，就像餐桌一样，可以用来开会。因为我从来不开会，从来没参加过会议，也不知道会议上要做什么，所以我只有一张黑色的大桌子。桌子后面还有一张大大的长桌，是一样的黑漆色，上面放着成堆的照片。我有自己的墙挂板。我记得还有一张豹皮地毯，还摆了一些豹皮室内装饰品。墙是深红色的，一点没有异国情调。我讨厌异国情调，因为那样子看起来很蠢。我倒是有两把瑞典藤椅，只是因为它们很漂亮——是给客人坐的——但只有两把。最后还有一只小沙发，剩下的就全部都是书架了。那是间很寻常的办公室，没有想要弄得太时髦结果效果适得其反，不过有很多的空间和新鲜空气。每天我会在那里待到晚上七点半之后，因为那里的路堵得要命。全伦敦的小伙子都到那里去了。全捷克和斯洛伐克还有全波兰的漂亮女孩子也都到那里去了……而且，老天爷，那些女孩子都是那么漂亮！摄影师们都发了疯——有一些疯得比其他人都厉害。你认识那个意大利摄影师佩纳蒂（Penati）吗？他像一朵奇怪的云一样飘进我们的生活里。我曾经见过他为一本意大利杂志拍摄的照片，拍的是一些皇室的孩子，当然了，他们永远是世上最漂亮的孩子。意大利皇室成员可能一直没有被划入漂亮的行列，别忘了，他们的祖母——我可能比他们差不多晚一代人——是个牧羊人的女儿。但是基本上他们的模样都还是很漂亮的，对吧？他们似乎总是穿着水手服。我把那些照片拿给亚历克斯·利伯曼看，说，“这个小伙子看上去真像个梦一样。”

一个意大利朋友给我讲了个关于佩纳蒂的特别有趣的故事。显然在米兰和都灵，所有人都喜欢他拍的那些儿童照，喜欢得不得了。有一回，一个热衷社交的米兰家庭请他给孩子拍照，打算作为圣诞礼物送给家里的父亲。

佩纳蒂说，“好吧，如果你想要我给你的孩子拍照，就必须同意让我单独和他们待在一起。”

家长们表示反对。他们说，“必须要有人在场。电话会响，从市场上买来的东西也会送到家。而且不管怎么样，我们也得在家里吃饭。”

他说，“这样不行。这样我完全拍不了。如果旁边有人在场，我就没办法拍孩子。”

他们说，“这样的话，你这次就要破例了。我们坚持，至少保姆必须在场。我们坚持要求这样做！”

于是他说，“那好吧，我早上九点钟到，直到下午五点钟之前，都不许有人回来。”

于是一家人和家里的佣人就都出去了，在米兰闲逛了一整天——他们购物，去了动物园。终于，五点半他们回到了家。安静。安静极了。他们推开门。看见所有的孩子都坐在地板上，吃着足足有盆那么大的碗里的冰激凌，蛋糕到处都是。女保姆正躺在沙发上，一丝不挂地让佩纳蒂拍照！

简直太有意思了，对吧？

所以，你能想象，他在《时尚》杂志为全欧洲最漂亮的女孩子们拍照，是什么感受。

在《时尚》杂志做编辑的时候，我真的想不出还有谁在更好的时候担任过更好的职位了。《时尚》杂志一直关注着人们的生活。我的意思是说，一条新裙子不会改变你什么，改变的是你穿上那条裙子之后的生活；还有你在那之前的生活，和你穿上这条裙子之后的生活。

就像所有伟大的时代一样，1960年代是关乎个性的，也是时装模特第一次被赋予了个性。那是一个有着伟大目标的时代，一个有创造力的时代……这些女孩子们创造了自己。自然，作为一个编辑我也帮了她们的忙。

崔姬（Twiggy）[1]！不是我发现的她——其实不是我。我当时知道她是谁，叫人把她请了过来。之前我曾经在《*Elle*》杂志上见到过一张尺寸非常小的照片——只有脑袋。然后她来纽约见我，她是个有点奇怪的人，有些让人害怕，是个像流浪儿似的小不点。她的头发就像玉米须，但是皮肤和骨架都很好……然后她张开嘴巴，我听到了最动听的英国口音。“啊呀！”她说，脸蛋也是个英国美女。之前从没有哪个伦敦佬长得像崔姬那样——不过，1960 年代就是属于伦敦佬的伟大的年代。

崔姬的身边一直都有保镖。每次她来办公室找我，或者我们为她试衣的时候，她的保镖总会坐在门口，腿上放着一个大口袋。我记得他叫蒙克（Monk），我们也会聊聊天。有一天我说，“袋子里装的是什么？手枪吗？”

“是啊，”他说，打开了袋子。看上去里面估计得有 17 支枪。

“哦……我的老天爷！”我说，“这样看来我们很安全。”

然后还有雪儿（Cher）。也不是我发掘的她——我不觉得有谁曾经为雪儿提出过什么去当模特的建议——但确实是我把她带进了《时尚》杂志的世界。我必须得告诉你我是在哪儿找到的她——在哪儿发现的她。

当时我在摩洛哥，在穆罕默迪耶和拉巴特之间的一小片海滩上。我和里德去看我们的儿子弗莱基一家。我们当时住在一间酒店里，房

1　莱斯利·劳森（Lesley Lawson，1949—），模特、演员和歌手，绰号崔姬（Twiggy）。英国文化偶像，20 世纪 60 年代最有影响力的英国模特之一。

间很小，就像是僧人住的小屋，酒店位于一栋正在修建的皇家宫殿旁边。每天我们的孙子们都会过来，之后我们就会一起去海滩。有一天，从海滩上吹过来一张报纸。一定是一张捷克斯洛伐克语或什么语的报纸，因为我不认识那种语言——我知道肯定不是阿拉伯语，因为，我自然可以非常流利地阅读阿拉伯语——但这张破报纸上有张照片，上面就是这个惊为天人的完美的女孩儿。她就是雪儿。于是我把她的照片夹在公文包里，带回了纽约。

“老天爷啊，”回到《时尚》杂志之后我说，“这个女孩简直是太梦幻了！我想你们肯定已经拍过她了——快给我讲讲关于她的事。”

没人听说过她，至少在我的办公室里没人知道她——但是他们应当知道才对。所以我想办法找到了她，叫人把她请了过来……做我们的模特！后来她就一直是我们的模特。

1960 年代，就在模特有了个性之后，个性也成就了模特。请芭芭拉 · 史翠珊（Barbra Streisand）[1] 当模特就是我的主意。她简直是一夜成名。我把她和迪克 · 艾夫登（Dick Avedon）[2] 一起送到巴黎为发布会走秀。我们送她去了两次。我们为她拍摄了侧脸照，拍了她那只纳芙蒂蒂（Nefertiti）[3] 似的鼻子……那张照片时髦极了。

我们曾经听过的那种很糟糕的说法是什么来着？“相关”“与……有关”。人们以前总是把事情和自己联系在一起，这就错了。我认为

1　芭芭拉·史翠珊（Barbra Streisand，1942—），美国歌手、作曲家、女演员和电影制作人。

2　迪克 · 艾夫登（Dick Avedon，1923—2004），美国时尚和肖像摄影大师。

3　纳芙蒂蒂（Nefertiti，公元前 1370—公元前 1330），埃及女王。

自己作为一个成功编辑的原因就是我从不在意任何一个事实、理由或者氛围。在公众面前展现的——是我自己。那是我的工作。我总是非常清楚，公众可能会接受什么。你要给他们的，是他们还不知道自己想要的东西。

同时，我非常讨厌受大众欢迎的东西。时尚永远得领先大众一步。这在 1960 年代简直是真理。但有的时候我也会把步子跨得太大，结果摔得很惨。

有一次，我决定把整本《时尚》杂志倒着印刷，就像日本书一样，因为我觉得人们就应当这样读杂志——我就是很简单地这么认为的。你总是会看到人们从后向前读杂志。结果是我们没能出版那一期杂志，因为它注定会惨败。但是背后的基本思路是对的。

杂志管理层从不会干涉我做什么样的编辑内容，但是在封面上我的决定权很小。刚到《时尚》的时候，我做了七八个月的封面，其中包括一张艾尔文·佩恩（Irving Penn）[1] 拍摄的照片，模特把手指搭在鼻梁上，手腕上戴着斑马条纹蛇手环的照片——他们告诉我这一期在报刊亭的销售是个彻底的失败。我不是说是他们故意卖得不好来打击我，但是我知道，在封面这件事上，他们总是希望我把封面弄得大众一些。

我从来没争辩过。我记得有个叫扬先生（Mr. Young）的男人，他在负责把杂志送到全国各地的那个部门——我想是叫“发行部”——

1　艾尔文·佩恩（Irving Penn，1917—2009），美国时尚、肖像、静物摄影师。

他的话对我有过很大的影响。“您的杂志卖到了美国各州，弗里兰夫人，”他说，“卖到了小城市、小镇和村子里……把封面交给我们来决定吧。我们可以让报刊亭把杂志卖出去。你的部门还是负责里面的内容。”

里面的内容，在 1960 年代，有一次我在封面上登过一张照片，但在美国一些州的邮局通不过。当时那张封面确实有点不一样，是活希源（Courreges）推出的第一季裤装——一件上装，中空，模特的肚脐露了出来。然后一封接一封的读者来信寄了过来。“在我们家，杂志是摆出来放在咖啡桌上的，现在我们没办法把《时尚》摆出来了。作为一个 19 岁男孩的母亲……”

“我的老天爷，这位夫人，”我心想，“还是让您的儿子出出门吧！把他送出去！送到丹吉尔（Tangiers）[1] 过一夜去！送到突尼斯去！送到开罗去！……”

“你为什么要选那张照片呢？”我的员工想知道为什么。

“因为我是个报道者啊，”我说，“看到那张照片的第一眼，我就知道它会成为新闻了！我们是什么，看在老天爷的分儿上——我们难道需要取悦住在北达科他州的资产阶级家庭吗？我们可是时尚圈——醒一醒吧！”

那张照片在那个时代成了一条新闻。有意思的是，你今天再看它，就会觉得它很中规中矩，很体面，也很——过时。

---

1 丹吉尔（Tangiers），摩洛哥北部的港口城市。

杂志提供的是一种观点。大多数人没有观点，他们需要从别人那里接受观点——再进一步说，他们是希望从你这里接受观点。我曾经历过这么一件神奇的事情——应该是在 1966 年或 1967 年的时候。我们推出了这个很大的时尚口号："今年是自己动手干（DIY）的一年。"好了，口号出来之后，全美国每一家商店都打来电话说，"你得告诉所有人。没人想自己动手——人们需要有人为他们指引方向，人们需要跟随领袖！"他们说得挺对。只有一期杂志刊登了我的口号，但这个口号席卷了全美国。那次之后，我们就又回到了比较正常的说法："要注意带粉红色的珍珠灰"——类似这样的。接着第二个月是："为杏黄色搭配一点橙色。"这当中没有什么严肃的规划考虑。有点像一个女人的脑袋……你在那个年代在某种程度上可以感受得到。继续。不屈不挠地继续下去。要让人们继续思考，要让他们继续发问。

第二十四章

我自己是没办法花上几个星期的时间，去什么地方看一看，比方说，去见识一下印度之类的。但是我可以派一群摄影师、编辑和模特去，明天就可以到印度。如果我要他们去印度，他们就要去印度；如果我要他们去日本，他们就要去日本；如果我要他们去大溪地……

我自己还没去过大溪地，但我敢肯定那里比人们想象当中的要寻常一些。高更（Gauguin）[1]真是个浪漫的人。也许他曾经在大溪地住过，但是很可能一切都是他编出来的。告诉你我为什么会这么说。在《时尚》杂志崇尚浪漫的年代里，我把摄影师和模特送去大溪地拍摄照片，要求是这样的：“到了那里之后，别去拍什么坐在那里然后在头上插着一枝花的胖姑娘。你不能拍那个，因为高更已经把她们画得非常好了。我们要拍的是站在粉色沙滩上的有着漂亮的长长的白色尾巴的白马——不要高更的那种小马，而是荷兰北部弗里斯兰省的那种浪漫的大马——有漂亮的鬃毛和尾巴的那种。就是要这种！”

在出发拍摄之前他们总是会接到这样的要求。每个人都以为我是上了年纪以后脾气变坏了，但是那个时候我就已经是个让人讨厌的人了——只是让人讨厌而已。但是每个人都理解得很到位，不是我希望他们找到的东西，而是他们必须要找到的东西。

如果他们找不到的话，就要想办法把那东西弄出来。假装一下，对于我来说那是一件大事。很多年之前，我坐二十世纪号快车去芝加哥。那时我还是个小女孩。火车上有一个很棒的艺人叫弗里斯科（Frisco）。弗里斯科是个黑人，他戴着一顶圆顶高帽，穿着一双做工考究的鞋。他来到餐车吃早餐，抖开他的报纸，他看上去真是棒极了。侍者，也是个黑人，走过来问他，“早上好，弗里斯科‘先森’。今天早上您要吃点什么呢？”弗里斯科回答，“冰激凌浇苹果酱。要做得漂亮些。”

1　保罗·高更（Paul Gauguin，1848—1903），法国后印象派画家。

侍者看上去非常不安，他站在那里说，“‘先森’，您知道的，这是早餐时间，‘先森’，我们没有冰激凌也没有苹果酱。”

“好吧，那就假装有。”

这件事给我留下了非常深刻的印象。后来在我这一辈子当中，有好多事情我也是这么处理的。我会说，“坐得舒服些，后面垫一个枕头。”你会说，“可是没有枕头啊。”我会说，“好吧，假装有。就把毯子或者什么的堆一堆。”真该死，我现在不记得后来那个侍者给他端来了什么！我当时真是神魂颠倒，看着弗里斯科的手杖和他的圆顶高帽。我还记得他抖开报纸的声音，还记得他认真读新闻的样子，还有侍者打断了他，说……“早上好，弗里斯科‘先森’。”

对了，肯尼思（Kenneth）在大溪地的拍摄任务里担任发型师。有一些男发型师是很棒的，而他是当中最棒的那个。于是我就和他说，“大溪地马的尾巴毛可能不太……够。你可能得做一些假的。可能太少了。最好带上一些人造毛。”人造毛比真毛好，因为要多少就有多少。

于是我们弄了一些代纳尔（Dynel）的人造纤维，做成了假马尾巴，让肯尼思带着备用。我当时正处在很喜欢用代纳尔人造纤维的时期——我这辈子最快乐的一段日子，实话说，你能用代纳尔人造纤维做出很多东西，我简直太开心了。

我们用那些人造纤维编了很多蝴蝶结——巨大的塔夫绸蝴蝶结，很多个……我觉得甚至都没有哪位公主拥有过那么漂亮的蝴蝶结！那条漂亮的马尾巴真是让我喜欢得不得了。巨大的蝴蝶结，马尾巴又粗又亮，非常长，拖到地上，像裙子的拖尾，像条真正的马尾巴——那么性感，那么富有魅力……

于是他们就去了大溪地，带着这条代纳尔人造毛马尾巴，去大溪地找一匹白色的马。接着照片发回来了，我和时尚编辑芭布·辛普森（Babs Simpson）一起看照片。芭布是个非常厉害的编辑，厉害的意思就是她知道怎么把模特姑娘们弄对——“弄对”的意思就是她们被请到杂志社来的时候的情绪——不过她自己倒是个挺忧郁的女孩。

“我希望他们至少把白马弄到海滩上去了。”我说。

“那里没有马，”她说，“岛上差不多一百年都没有马了，更别说白马了。”

“一匹都没有？”

“其实，倒是有一匹老种马还留着。”

“那么，”我问，“他们捉到它了吗？”

后来我才知道，他们在第三个星期快要过完的时候才找到了这匹老种马。它确实是白色的，但是马尾巴已经杂乱干枯。肯尼思决定把那条假尾巴装上去。好了，他从后面接近了那匹种马，而它这辈子从没见过一个雄性——我的意思是，它一直都是孤单一个，在岛上到处溜达。现在，显然，如果你接近一匹种马的某个解剖学部位……结果，它就跑走了！这个老家伙，这么多年以来走路都是慢吞吞的，它发出了一声野性的尖叫——你知道马是怎么嘶叫的——在山间跑走了。就那么跑走了，跑得很远，足足失踪了五天。

可怜的肯尼思站在那里，为自己的所作所为感到非常尴尬，有点跑得太远了——无论从哪个角度来说，那匹马跑了太远。但你得明白，我只看结果。我这一辈子都是为结果工作的。我才不在乎大溪地有没有马——老天爷，那就弄些马过去，要白色的，再给它们装上代纳尔人造毛做的马尾巴。

“但是你看这些照片，”我跟芭布说，“他们最后还是把它弄回来了，对吧？”

确实。不知怎么回事，它后来又回来了。它把自己弄得筋疲力尽，我猜，那匹马穿过了差不多 17 座山岭跟峡谷，它对着月亮嘶叫……然后它又回来了。他们给它装上了尾巴。那匹马最后回来的原因可能是它感觉自己这辈子第一次受到了关注。他们拍到了照片，简直漂亮得没办法用语言形容。他们知道没办法空着手回来见我，于是他们带回来了一匹马的照片，而且是白色的马。

肯尼思很有幽默感。他回来之后和我说，有天晚上简·科威尔斯（Jan Cowles）和她的丈夫麦克·科威尔斯（Mike Cowles）[1] 也到了大溪地。他们打算在那里住上一个月。你知道，麦克·科威尔斯是科威尔斯集团的主席，就是 *Look* 杂志等那些刊物。一路上他都在忍气吞声，就这么被妻子拉着跑遍了整个太平洋，也不是他自己想要去的。大溪地完全不合他的胃口，待在那里就是受罪。但是他那个浪漫的妻子简可没有——自然对于她来说就像置身天堂。一个女人，她想要看看大溪地。

于是肯尼思走进了酒店的酒吧，走到麦克·科威尔斯身边去，当

1　小加德纳·麦克·科威尔斯（Gardner Mike Cowles Jr.，1903—1985），美国报纸和杂志出版商。

然对方也认识他，然后肯尼思说：“麦克，我真该给你个拥抱，非常感谢你邀请我来大溪地，千里迢迢地，在你们俩在大溪地休假期间，过来给简做头发！”

麦克还以为他花了钱把肯尼思千里迢迢地弄到大溪地来给他的妻子做头发，差点儿当场从椅子上摔下来死掉。

第二十五章

在《时尚》杂志度过的日子，我们总是非常忙碌。在连续十年的时间里，每个月出两期杂志，每篇文章旁边都写着 D.V.。我会读一读文章，然后在旁边写上：“请删掉第二段，我觉得写得很糟。过来找我一下。”然后我就签名“D.V.”。不不，从来没人叫过我 D.V.。他们一直都叫我弗里兰夫人。有个在博物馆的人，我想，管我叫“D.V.”，我想不起是谁了。他人很好。“若承天意[1]”——或者“上帝与你同在[2]”——上帝与你同在。主教们把这些写在公牛的身上，我觉得，就像我们在信的结尾写上“美好祝愿”是一样的。

我们好像总是在做圣诞节特刊。我叫人用桥牌桌把我的午餐送进来——一个花生果酱三明治，还有一小杯苏格兰威士忌。永远不要带别人出去吃午餐。永远不要。工作午餐会毁了你这一天的工作，应该取消掉工作午餐。我每次出去吃午餐都会这样。

不过，我对美食一窍不通。我是第一个这么承认的。里德很懂食物——他总会计划好我们的每一顿饭。但是虽然我对食物一无所知，自然我也有自己的喜好。我太喜欢吃牧羊人派了。我可以一直吃下去。我也爱吃鸡蛋葱豆饭——冒着泡的、油星四溅、吱吱作响！我也爱吃大米布丁和凉的水果配禽肉沙拉。我喜欢新鲜的土豆，外皮紧绷，像中国的象牙那样闪闪发亮。在食物上，我真是算得上一个很简单的女人。我喜欢在咸牛肉和土豆泥上浇番茄酱。这是我寻常的一面。

我很讨厌本地特色菜。对于一些人来说可能会觉得出乎意料。出于某种原因——我想是和美学相关——他们以为我喜欢生鱼，但是其实我很讨厌。我去过这个世界上的一些地方，像中国香港、日本，还有俄罗斯，在那里每一餐我都吃煮鸡肉和米饭——就是这个。煮鸡肉配米饭，味道永远不会差——很耐饿，而且味道很好。尽管当地有不少特色菜，但对于我来说，我要点的就是煮鸡肉跟米饭。

1　原文为拉丁语：Deo volente。

2　原文为拉丁语：Dominus vobiscum。

酸辣酱（Chutney）[1]真是太棒了——我简直太喜欢了。对于我来说，这是一种非常皇家的食物。感觉非常帝国、非常维多利亚、非常马哈拉贾[2]……它总会让我联想起那些伟大的时代。

莴苣也好极了，虽然我不确定它算不算是真正的食物。

还有马克西姆餐厅的法式清汤[3]！对于我来说，那个是食物。那里面有各种动物的骨头，另外还有各种蔬菜……是世界上最滋养的东西。1970 年代的时候我在马克西姆餐厅吃午餐，正在那里享受一段美好的时光，结果我的奶油汤罐里竟然出现了一只蟑螂。蟑螂啊！是蟑螂[4]！那里的服务，本来是很棒的，突然之间就变成了“能多快就有多快”。

最好的肉、最好的蛋、最好的水果，还有最好的蔬菜，全部能在巴黎的市场里找到。在圣日尔曼大道你曾经能买到很多的食物，但是现在已经比以往时髦了很多，我不喜欢。现在那里到处都是时装精品店，橱窗里种着一棵柳树，我觉得那很俗气。相比之下我还是更喜欢看六万五千枚红皮鸡蛋。

烤面包应当是棕色和黑色的。芦笋应当是性感的，软到几乎像液体……

牛油果，永远不够熟——它们应当是黑色的才对。你准备扔进垃圾桶的东西，我会吃！

1 酸辣酱：一种用水果加糖、香料和醋做成的浓汁，吃冷肉、奶酪的时候搭配食用。

2 马哈拉贾（Maharajah）：印度土邦主。

3 原文为法语：consommé。

4 原文为法语：La Cucaracha。

最好的树莓，也是黑色的那种，而且应该是小小的——越小，越黑，越好！

草莓应该非常大，而且应该连着长长的蒂，这样你就可以很容易把它揪下来。我的女佣伊冯娜，曾经在弗雷泽—莫里斯（Fraser-Morris）市场里帮我一颗一颗地挑草莓。我非常满意。老天爷才知道如今草莓卖多少钱。我曾经问过价钱——每一颗多少钱。伊冯娜惊讶极了。

“夫人，问每一颗的价格？”她说。

“听着，伊冯娜！”我说，“每个人都会问价。”

“但是，夫人……”

“伊冯娜，你的意思是说，”我说，“你去海瑞·温斯顿（Harry Winston）珠宝店买一顶头冠——连价格都不问吗？每个人都问价！”

这件事她从没想过——尽管她自己，身为一个法国人，公寓里每一根线头都要留起来。

真相对于我来说是非常重要的。

有一天我的孙子对我说，“我一直在听你讲话，你经常撒谎。就像上个星期，还有上上个星期……不管什么时候说的了……你总是在编一些鬼故事！”

现在我是会夸张一些——我总是会夸张。另外，当然了，我不太会讲述事实。但如果要讲一个好故事……有些细节……是想象出来的，我不管这个叫撒谎。

我觉得真正的骗子才没意思。对那些故意扯谎的人我完全受不了。这些人在我面前骗不过去。然而我对他们很礼貌，和他们握手，对他们微笑……但是，还是让他们见鬼去吧！他们应当就此消失在地球表面。而且我能一眼就把他们认出来！当然了，在商业世界里，算得上一种很好用的直觉。

可有些人说的谎话，他们自己是完全相信的。他们说自己白天还在奥尔巴尼（Albany），然后就坐着大卫·洛克菲勒（David Rockefeller）[1]的私人飞机飞过来，和州长一起吃了午饭。奥尔巴尼天气很热之类的。他们说这些的时候完全相信自己说的是真的。他们的牛皮越吹越大。

那就是在《时尚》杂志的时候，亚历克斯·利伯曼教给我的重要一课。我们在办公室里谈起了一个大骗子，但这个人也是杂志社的一个老资历的重要人物，和杂志保持了很久的关系，照片几乎都要挂到墙上去，对此我毫无办法。“可是黛安娜，”亚历克斯说，“你认识很多个骗子啊，”然后他提了两三个人的名字。

“哦，我不会叫他们骗子，”我说，“我叫他们浪漫主义者。”

“但是你不觉得吗？”他说，“当他们只想自我美化，说出来的话连自己都不相信的时候，你才会觉得受不了。但是如果他们相信自己说的是真的——同时你也相信他们——这样你就不会介意了。”

“说得对！”我说，“有道理。”我之前从来没有从这个角度来看这件事。为了帮助自己摆脱什么而撒谎，或者因为别有所图而撒谎，

1　大卫·洛克菲勒（David Rockefeller，1915—2017），美国银行家，大通曼哈顿公司董事长兼首席执行官，洛克菲勒家族的第三代。

这是一回事；但如果是为了让生活更有意思而撒谎——那么，这就是另外一回事了。

如今，社交场上的假话又是另外一回事。如果你说，“今晚我不能跟你吃晚饭了，因为我有个商务晚宴，”我完全不会介意，这几乎都是惯例的说法了，不是吗？

我曾经有过一个很棒的爱尔兰女佣，她是临时雇来的，然而我真是有些受不了她。我得教她说谎——社交场上的谎话——每小时她都得在电话里说一次：“夫人外出吃午餐还没有回来……”“夫人正在午休，不能打扰……”还有如果我真的不想跟任何人讲电话，她就会说：“夫人出城去了。”

六个月之后她终于离开了我们家。走出门的时候，她站住对我说，“再见，夫人。从现在起我终于能说实话了。”

我在读今天的杂志的时候，总觉得那些题注写得很有趣：“香水由……提供”；我们在《时尚》或者《芭莎》杂志的时候从没这么做过。在那个时候我们都很中规中矩——信不信由你——而且很直白。但我明白这背后的原因。名字要不断地重复，重复、重复、重复……这就是营销！说到香水，虽然你看不到，但是对一个打扮得体的女人来说，就和她的妆容、她的指甲和她的珍珠，一样的重要……

香奈儿五号，对我来说，仍然是一个女人用的理想香水。她可以在任何地方用，在任何时候用，见任何人时都可以用——丈夫、情人、出租车司机——人人都喜欢，没有人是香奈儿五号征服不了的。

香奈儿是第一个把香水放进女人衣橱的设计师，之前没有一个设计师想到过这个。香奈儿五号是个非常了不起的产品——最好的瓶子、最好的瓶塞还有包装盒——当然了，还有最棒的味道。你一定还记得吧："梦露小姐，你晚上穿什么睡觉？"

"香奈儿五号。"

你知道为什么会给它命名"五号"吗？香奈儿不知道该给它起什么名字。当时他们送了好几瓶香水到康朋街让她挑选。可可给她的一位很好的俄罗斯朋友打电话——一位贵族，一位绅士——问他，"你来帮我选吧。我的偏头痛发作了，头疼得要裂开了。你一定要帮我，现在就过来吧。"

于是他就过去了，被带到了卧室里。可可躺在床上，几乎说不出话来，她的头疼得厉害。

"那里有十条手帕，"她说，"把它们挂在壁炉架上。每条手帕上弄一点香水的样品，酒精挥发掉之后告诉我。"

他照做了，她艰难地下了床，走到壁炉架旁，把一条一条的手帕拿起来。第一条："这个不可能[1]"；第二条："太糟糕了"；第三条："还是不对[2]"；第四条："不行[3]"；紧接着突然之间："就是这个！[4]"就是第五

1　原文为法语：C' est impossible!

2　原文为法语：Pas encore。

3　原文为法语：Non。

4　原文为法语：Ça va, Ça va!

条手帕！她就是有这样厉害的直觉，即便在差不多失去意识的时候仍然做出了正确的选择。

世界上最棒的两款男用香水都是里戈（Rigaud）制作的。一款叫奇妙水（L’ Eau Merveilleux），另外一款叫卡南加（Cananga）。两种味道都很浓烈。它们让我想起 20 世纪早期巴黎那些爱德华时代的可爱的绅士们。在我和妹妹小时候，曾经被带去向父母的朋友们行屈膝礼，亲吻道晚安，那是件让人愉快的事。他们当中有很多蓄着连鬓胡子，头发也很长——他们不是美国股票经纪人——而且闻上去他们都是同一种味道。有发用香水的味道，有花露水……闻起来很干净。那是一种健康的味道——对皮肤很好，对精神很好……而且味道很浓。

如今的一种说法是，现在的香水必须要淡。这太荒谬了。我是根据自己一辈子的经验来说话的。

我的手包里总会装一小瓶香水——这样我就可以一直都有香水用。你闻得到我现在用的香水味吗？别靠得太近——如果你需要像狗一样嗅，那就说明我用得不够多！

他们告诉我，拿破仑的男仆每天早上都会用掉一整瓶香水，皇室之水（L'Eau Imperiale）——就是拿破仑的那些有蜜蜂围绕飞舞的漂亮细嘴瓶当中的一个——他会用来直接浇在皇帝身上。整整一瓶！但究竟是一品脱[1]的瓶子还是两品脱的瓶子……可别问我。不过我倒完全能理解。

1　容积单位，有英制和美制之分，1 品脱约 500 毫升。

永远别在洗澡之后立即用香水。这是最大的错误——你身上没有任何东西可以留住香水。说实话，格蒂·劳伦斯（Gertie Lawrence）——我们住在伦敦汉诺威的时候，她家就在离我家三排房子之后——每天早上我们都去摄政公园打网球——她曾经会把一整瓶的莫利纽克斯香水（Molyneux Perfume），洒在她的浴缸边上……也浇在洗澡水里——那里面没有油分，只有酒精，在浴缸里面洒香水根本不会留在身上。这只是一种姿态，她本人非常奢侈。

说起巴杜，当他的喜悦（Joy）香水上市的时候，他做了件非常不寻常的事——他做了广告，说这是世界上最昂贵的香水。你想知道发生了什么吗？那些广告成就了喜悦香水。在那之后，美国的每个女人——每一个——都必须拥有喜悦香水才行。香水是奢侈品。但是美国人很奇怪，老天爷才知道他们算不算奢侈的人，就从来没有用对过香水。他们会整瓶地买，但是从来不往身上大量地洒。香奈儿常常说，手袋里要放一瓶香水，随时随地要让自己保持清新。

重要的是，更加重要的是，香水就是你的脚。如果你的脚对了，你就优雅了。如果你的脚不对——那就算了吧。我的意思是如果你的脚有问题，或者你们那里流行这个的话，你可以在鞋里装上足垫，但不管怎样你的脚应当是完完全全没有问题的。

鞋子上的每一样东西都可以让人感到优雅。我没有办法穿那些批量生产出来的鞋子。我的脚又短又胖，还有像西班牙舞者那么高的脚背。所以，我的鞋子都得定制——完全没有别的办法。

这对我来说是个严肃的话题。至少……我们正在讨论的是个严肃的话题。这不是关乎时尚的——而是事情就该如此。我总说，“我祈祷老天爷能让我老死在一个这样的镇子上，有个好裁缝，有个好鞋匠，另外也许再有个对一些其他东西[1]感兴趣的人”——但是我真正在乎的只是鞋匠。每人都应该有自己的鞋匠，见鞋匠要像见私人医生那样严肃。我很幸运，因为我的鞋匠是世界上最好的。

以前的布达佩斯就有很好的鞋匠。在 1930 年代的巴黎，有个很棒的意大利鞋匠，我简直是太喜欢他了——他叫佩鲁贾（Perugia）。他的妻子是个金发女郎，多迷人啊——蜜丝婷瑰和她相比都让人感到乏味，你明白我的意思吧。她就站在和平街上的一个收银台后面：“早上好，夫人[2]”——你知道的那种类型。她只有待在那儿，他才能看得住她。在所有人都穿高跟鞋的时候，他给我做了低跟鞋——我现在还在穿。我总觉得高跟鞋的时代已经终结，不过高跟鞋确实可以让你的腿修长挺拔，如果你的腿足够长的话。

在 1960 年代的罗马，对我来说，达尔·科（Dal Co）是个神奇的存在。那里有个男人，他从来没正眼看过我的脸，永远只盯着我的脚。他对他从事的工作就是这么专心。

还有我亲爱的罗杰·维维耶（Roger Vivier）[3]，战前他在纽约的时候我就知道他。后来他到了巴黎，开始独立设计鞋子，他做出来的那些鞋是我见过最漂亮的。在博物馆的“名利场”展览上，我把他做的

1 原文为法语：quelque chose d’ autre。

2 原文为法语：Bonjour, madame。

3 罗杰·维维耶（Roger Vivier，1903—1998），法国时装设计师，专门从事鞋类设计。

几双鞋放在 18 世纪的法国鞋旁边——他的那些，有全部用绢网做的鞋子，有用蜂鸟羽毛做的鞋子，还有用小小的黑色钻石和珊瑚镶边的鞋子。精致的鞋跟都是用天然漆料做的——每一双的品质都一样好。我们会花上四个半小时去细细调整他那些组装起来的纤细的鞋跟。没有人会像罗杰·维维耶那样把鞋底弄得像条舌头似的那么扁平，你应该改天过来研究研究我搜集的他的鞋。那就是完美的定义。

那些鞋一直对我都很友好。其中几双我已经穿了超过 20 年——就是这么耐穿。而且恰好因为我受过芭蕾训练，所以我走路的时候下脚非常轻。我的鞋子向来也保养得非常好。

在我看来，有没有好好擦你的皮鞋，关乎着文明的终结。我这一生当中的所有男人——我父亲、丈夫、两个儿子，还有两个孙子——他们的皮鞋都会擦得非常亮。里德有几双俄罗斯小牛皮做的鞋，在伦敦的时候他叫我们的管家用奶油和犀牛角足足擦了差不多有五年，直到它们变成了真正的好皮子，然后他才开始穿。我不知道现在还有没有俄罗斯小牛皮，但是别忘了——那个年代做出来的东西都是预备永远用下去的。而且英国的绅士们用犀牛角打磨皮革也是件很正常的事。皮子是有生命的，保养得越好，用得越久。

伊冯娜也一直用犀牛角擦我的鞋，擦了好多年。她是个非常情绪化的法国女人，对于家具她是连一根手指都不想去碰的；但是在我每次穿鞋子之后，她都会非常精心地擦拭——连鞋底都会擦。为什么，因为我就是不想穿鞋底没有打理好的鞋子。我想说，比如你在外面用晚餐的时候，突然把脚跷起来，暴露了鞋底的瑕疵……还有比这更让人觉得平庸的画面吗？

还有就是脚步声！我完全没办法忍受女人走路有噪声的那种粗俗。对士兵来说是可以的，但是我成长的时候就被教导一个淑女教养的完美典范就是走路要非常安静。当然了，我现在仍然是这样的。你知道吗？我在《时尚》杂志的时候曾经开除了一个很出色的员工，就是因为她走路的问题——高跟鞋的声音太响！我和她谈过话之后她搬去了巴黎。我说，“我受不了你走路的声音。实在是受不了！”但是，其实那是一种愤怒，如果你没有办法控制自己的脚，那就是一种愤怒的表现。告诉你吧，沉重的步子绝对就是愤怒的一种表现形式。你需要提起脚背，绷紧腿，可能需要穿矮一点的鞋跟。或者干脆走路的时候多注意一下。如果做不到这个，你就去巴黎吧！就像拿破仑说过的，“到巴黎去，做一个女人。”

第二十七章

我不是太喜欢在晚上去那些有表演的地方——或者一些娱乐场所。我更喜欢聊天。好的社交谈话已经非常少见，而且是越来越少见了。如今流行的是去那些很吵闹的让人完全没有办法讲话的餐厅吃饭。去别人家里吃晚饭非常棒——一场小规模的、亲切的聚会——由一个很会讲话的人引领话题，然后引发一场很好的争论。小餐馆？太没意思了。几个好厨子，加上一群快活的同伴——这就是一场好的晚宴。

我最喜欢和英国人一起吃晚餐，因为他们从来不笑。他们用语言营造的氛围让我着迷并且完全征服了我。他们的玩笑话最有意思。一个有趣的人只会有趣一段时间，但是一句机智的话可以让你永远回味。讲话的人自己不应该笑。他应该保持安静，然后一语惊人。出乎意料的诙谐毫无疑问是最引人入胜的。

诺埃尔·考沃德（Noel Coward）[1]就很擅长于此。他总是能把逸闻逸事讲得那么精彩。“有一天……”，然后桌上所有人都会倾身听着。总是那么富有戏剧性，因为所有英国人都是演员，只有少数几个演员不是英国人。

我说的是那种寻常的聊天，家长里短的。我特别喜欢那些能吸引整个餐桌注意力的人。如今的晚餐礼仪是先和你右边的人说话，然后再和左边的人说。而且现在人们太过于关注餐桌上的人数是单是双了——“老天爷，我还没有请谁谁谁来，这样就可以怎样怎样了。”这太可笑了。单双数永远不是一顿好晚餐的关键。

我觉得这个国家的男人对社交晚宴缺乏足够的重视——我是想说，他们总是对社交晚宴持一种想当然的态度，总是以很随意的样子出现。也许他们白天的工作太累了。这很糟糕。男人比女人在社交上更活跃。他们享受晚上的娱乐活动，给白天平淡的工作增添一些变化。但是你不能说去外面吃晚餐已经变成了一种伟大的艺术。我们有机会找回我们曾经拥有的天赋——如果当中有些男人是英国人的话！

当然了，如果空气中再带有一点荒谬的味道……或者有点让人惊

1　诺埃尔·考沃德（Noel Coward，1899—1973），英国剧作家、作曲家、导演、演员和歌手，以诙谐机智而闻名。

艳或难忘的东西，也会有所助益。葛丽泰·嘉宝（Greta Garbo）[1]，总是能带来一点火花，点燃桌上所有人的热情。她是运用语言的大师。嘉宝从来不用名字称呼别人。她会叫我："弗——里——兰——夫人。"所有人都叫她"G 小姐"。当然了，她的声音非常美，而且极富诱惑力。简直太有诱惑力了！她很喜欢里德，也很喜欢他的外套。她会穿上里德的外套，在我们的公寓里走来走去，不是为了让别人看，而是她自己非常享受其中。接着她会把穿着的那件脱下来，走进他的衣帽间再换上另外一件。

科尔·波特（Cole Porter）[2]是另外一位可以把他周围的气氛完全活跃起来的人。有时候我和里德会一同参加晚宴，他就会即兴写一段关于我们的短歌，在钢琴上弹唱。当然了……不是什么严肃的内容……大概半分钟，在我们等着给饮料里加冰块的时候送给我们一小段惊喜。他在巴黎有栋房子，周围是 18 世纪风格的街道，看上去好像凭空从一股旋风里变出来的一样；你按了门铃，接着门旋开了，你会发现自己置身于种满苹果树的果园，面前是一栋你能在诺曼底看到的那种半木制的房子。你走进房子的时候，他就弹起了这首歌谣。

黛安娜登门拜访

她坐在了钢琴上

1　葛丽泰·嘉宝（Greta Garbo，1905—1990），20 世纪二三十年代著名好莱坞瑞典裔女演员。

2　科尔·波特（Cole Porter，1891—1964），美国作曲家。

他们另外在威尼斯还有一栋房子，漂亮极了。每天早上六点，他就会和他的贡多拉船夫一起出门，他和船夫互换角色——船夫坐在科尔的座位上，科尔则站在后面，摇着桨，穿着一件小小的海军套头衫，在他的那顶贡多拉船夫帽上还有一条小小的飘动的缎带，感受贡多拉小船的韵律。哪里做得不对，船夫就会纠正他。是不是很棒？任何事物在他的眼中都是韵律的体现。这也是他为什么那么富于感染力，也就是他为什么永远那么富于活力。

他就是那个你身边能见到的最有魅力的男人。他的样子真是很讨人喜欢。他是那么有绅士风度，那么优雅，真的是样样都好。事实上，他就是你会称呼为绅士的那种人。他出生在印第安纳州的Peru[1]，但是在他身上看不出一丝一毫来自那里的痕迹。他本人很国际化。其实我很喜欢印第安纳州。有那么多独具风格的人都来自印第安纳州——倒不是说我现在可以说出很多个名字，但事实就是如此。科尔总是那么爱说话——活泼又风趣。

那次可怕的事故发生的时候，我正在长岛的同一栋房子里参加派对。那匹马当时正跑过一条沥青铺的路，它被开过来的一辆汽车吓到跳了起来，失去平衡，结果摔下来砸到了科尔，他的两条腿都被砸断了。事情就是这样子。接下来科尔所有的故事就这么开始了——是关于活下去的故事。

在那个事故之后，我想他在差不多30年的时间里做了28次手术。

1　Peru，指美国印第安纳州，迈阿密下面的一个小城市，它与南美洲国家秘鲁同名，为了避免误会，此处用英文原名。——译者注我和里德在他的很多次手术时期见过他。我们会在哈克尼斯治疗中心（Harkness Pavilion）一起喝茶。他的男佣会端上来小吃、可口的茶和鸡尾酒摇壶，气氛很欢乐，当然了，因为他本来就是个快乐的人。一直以来都是。后来他的妻子死了——出生在肯塔基州路易斯维尔的琳达·李（Linda Lee）——一个出了名的美人，也很富有；虽然他自己赚的钱也有她三倍那么多，他总是用这个和她开玩笑。再后来他就截肢了。

之后他就不说话了，但是还活着。他没有办法忍受独自待着。他会邀请一两位朋友去看他，在他在沃尔多夫的漂亮公寓里一起吃午餐或晚餐。你坐在那儿一直对他说话，但他就是不讲话。我去的时候，他就坐在沙发上，我会吻一下他的额头，然后端起我那一小杯伏特加——这是在晚餐的时候——然后里德和我就会开始演出我们路上在出租车里排练好的表演。我们会说，“还有谁的藏书比科尔的更漂亮啊？——看它们的装订有多美”之类的。接着就有人来说晚餐准备好了，我和里德就会离开书房，走进餐厅，但我们还不会坐下。我们会离餐桌远远的，在房间的另外一头欣赏他房子里漂亮的中国壁纸。接着我会对里德说，“对了，星期六下午……那难道不是我们看过的最有趣的电影吗？！”接着科尔会被抬进来，他不能走路，但我们就像什么都没看到一样。他不能走路，也不想讲话；但他也不想一个人待着，他受不了这个。他们会把他放在椅子上，然后他就坐在那里。

有一天晚上我想，我打算稍稍改变一下这个状况。于是我就在五十六街办公室附近的药妆店停了下来，买了一对假睫毛——是你见过的最长的假睫毛；用鹅毛做的，可以用胶水直接粘在眼皮上。差不多有三英寸长！可以根据你想要的长度修剪。当然了，我是一丁点儿都没有剪短。然后我走进科尔家，拿到了我的酒，告诉他他看上去状况有多么好，我见到他有多么高兴。像往常一样，他什么都没说。晚餐的时候，我们吃了一道菜，接着是第二道菜——里德和我滔滔不绝地在聊天——接着我说，“科尔，你都还没有提到我的假睫毛。”然后他突然说道，“是啊，我看得见。”那是他整晚说的唯一一句话。

我不希望你认为我对科尔有点太苛刻。人们很乐意去科尔家，即便他们知道会经历这样一出哑剧。这出剧很难，但是你还是想不断地叫好，“好极了，好极了！”离开的时候我会说，“亲爱的科尔，我们得走了。和往常一样，你带给我们一个非常愉快的夜晚，我们度过了愉快的时光。”

科尔死在 1964 年。两年之后里德也死了。他没有病太久，只在医院待了 6 个星期。有个星期六的早上，他收拾了几件晨衣，装进行李箱里，去医院做一些检查。我当时在《时尚》杂志的办公室里上班。医生给我打来电话，检查的结果出来了，他正打算告诉里德。

我说，“你觉得我的丈夫是什么——傻瓜吗？你不认为他已经知道了吗？”

“你们有没有讨论过？”

我说，“当然没有！没事我们为什么要讨论癌症？”

医生说，“弗里兰夫人，你完全没有生活在现代世界，现在我们总是会告知病人的。”

当晚我就去了医院。里德以往总是会在大厅里迎接我，评价着那里手感好极了的软绸子，好极了的这个和好极了的那个。但是那次没有。他躺在床上，脸冲着墙。于是我说，你好吗？

他没回答。于是我坐了下来。

20 分钟之后他转了过来，“好了，他们告诉了你也告诉了我，现在我们都知道了，也没有什么事情可以做了。”我甚至都没有回答。

但是我不去想这个。除了这辈子我们在一起有多快乐之外，其他的我什么都不想——我们一起开着那辆很棒的布加迪车子环游了欧洲，还有旅行当中我们看到的所有美好的事情，我们每天的生活是那么奢侈，从白天直到深夜，那些香水，那些鲜花……

啊，生活是多么单调！

我还记得杰基·肯尼迪（Jackie Kennedy）[1] 刚刚搬进白宫的时候，和我说白宫的里面是什么样子的。没有鲜花，没有地方坐，你也不会期待任何人的到访……糟糕透了。甚至连个乡村俱乐部都不如，如果你明白我的意思——平淡。

1　杰基·肯尼迪（Jackie Kennedy，1929—1994），美国第三十五任总统约翰·肯尼迪的夫人。

但是一切都随着肯尼迪家族改变了。就像你知道的，白宫改变了。整个国家也改变了。我不敢相信事情发生得有这么快，变得这么美——而且这么简单。到底是如何发生的？杰基·肯尼迪给白宫带去了一些个人风格，也给美国第一夫人带去了一些个人风格，突然之间，“好品位”成为好品位。在肯尼迪家族之前，现代美国人从没在意过“好品位”是什么——完全没有。我说的不是当女人走进来的时候男人都要起立的这种礼貌。肯尼迪家族释放了一种关于文化和风格的积极态度……从那之后，我们就再也没有回到老路上。

我也参与了一点点。我偶尔会给杰基一些关于着装的建议。我确实建议她在总统的就职日典礼上戴个貂皮手笼。只是出于实用的考虑——我认为她会被冻坏。但是我也觉得手笼挺浪漫，因为它们和历史有关。

就职日当天我和里德南下去了华盛顿，我们坐着雪爬犁到了典礼现场。我还记得那天真的很冷，雪下得那么厚——每一根树枝都完全被雪盖住了。当然了，现场鸦雀无声。华盛顿纪念碑就站在那一片纯白色的氛围里。但我也记得，天是那么蓝。

别忘了，建筑低矮的小镇与纽约那样的高大城市完全不同，后者充斥着砖头、灰浆和丑陋的摩天大楼。暴风雪中的纽约实在是很粗劣。但是那天的华盛顿是那么干净。国会大厦的圆顶映衬在蓝天之下——中国蓝的那种蓝色。我永远不会忘记那种蓝——也永远不会忘记那一天。

那天给我留下的印象就和儿时参加乔治五世加冕仪式给我留下的

印象一模一样。当然了，那和规模无关，但和一些很特别的东西有关……我对美国了解得太少，但是在那一天，我这辈子第一次，觉得自己是个美国人。

我儿子弗莱基对肯尼迪家族的了解比我多得多——他和他的妻子贝蒂，在华盛顿的时候就和他们相识——他被派驻到美国驻摩洛哥首都拉巴特（Rabat）大使馆的时候听到了杰克·肯尼迪（Jack Kennedy）[1] 遇刺的消息。他告诉我那天早上他们起床之后——前一个晚上消息已经传到了拉巴特——他们房前的台阶已经被花束铺满。然后……那天我的两个孙子去上学的时候，所有的孩子们都站在外面，等着让他们先进去。

东方国家的礼仪是如此优雅。

就在遇刺事件发生前不久，我的朋友惠特尼·沃伦（Whitney Warren）[2] 从洛杉矶给我打来了电话。他是一个富有的鉴赏家和收藏家，拥有各种各样美丽的东西，包括漂亮的绘画和瓷器收藏，在电报山上还有一栋可以眺望中国城的令人心醉的房子。他的父亲是位著名的建筑师，跟法兰西喜剧院的茜茜·索雷尔（Cécile Sorel）[3] 有过一段丑闻——他们的情书还保存在国家图书馆 [4] 里。她是个身段很好的女人。她在丈夫上了破产法庭之后，就离开了法兰西喜剧院，去巴黎的

1　约翰·肯尼迪的昵称（John Kennedy，1917—1963），美国第三十五任总统，美国著名的肯尼迪家族成员，执政时间从 1961 年 1 月 20 日开始到 1963 年 11 月 22 日在达拉斯遇刺身亡为止。

2　惠特尼·沃伦（(Whitney Warren，1864—1943)，美国建筑师。

3　茜茜·索雷尔（Cécile Sorel，1873—1966)，法国喜剧女演员。

4　原文为法语：Bibliothèque Nationale。

赌场里赚钱。这位伟大的女演员，花了很长的时间，学习如何从赌场里长长的曲线台阶上走下来；走下来的速度要对，羽毛要摇动，羽毛上镶嵌着钻石，双手伸开，当她走到台阶最下面一阶后，她就会在灯光闪耀中对着台下大喊，“我走得好吗？[1]”——然后全体观众就会为她疯狂。

不过，那可是惠特尼·沃伦父亲的爱情故事，我们不能跑题太远，不然就会忘了从哪儿开始的。惠特尼·沃伦从洛杉矶打来电话说，“我很仰慕肯尼迪夫人，我想送她一件我拥有的最好的东西。我想把我的那幅萨金特（Sargent）[2]的画送给她。”

我实在是太熟悉那幅画了。几年前惠特尼在欧洲期间，曾把电报山上的那栋房子借给我们住了两个星期。我就睡在他的卧室里，那间卧室的形状就像一艘船的船头，三面都有圆窗，可以把最美丽的风景收进房间。在圆窗与圆窗之间，挂着一幅幅精彩美好的绘画作品，包括波尔蒂尼（Boldini）[3]为马尔伯勒公爵夫人和她的小儿子画的速写，还有……在第四面墙上，床头的上方，就挂着那幅萨金特的画。

在那幅画里，一个穿着黄白色，差不多是淡香蕉色裙子的女人，躺在一张黑色的蚊子网下面。那幅画的名字叫《蚊帐》（*The mosquito net*）。那条裙子漂亮极了——那布料垂下来的样子，还有光线照在上面的样子。还有……女人脸上的表情，有种令人愉快的东西。她半睡

1 原文为法语：Ai-je bien descend?
2 约翰·辛格·萨金特（John Singer Sargent，1856—1925），美国肖像画家。
3 乔瓦尼·波尔蒂尼（Giovanni Boldini，1842—1931），意大利肖像画家。

半笑，你不知道她是真的在担心蚊子，还是这整个都是想象出来的。不过这不是重点，重点是那个女人身上的光影、她的甜美、轻盈和整体的魅力，实在是太美了。

那天惠特尼和我说，他想把那幅画送给肯尼迪夫人。“是个很棒的想法，”我说，“她为这个国家带来了风格和美学的灵感，也为我们文明所代表的一切带来了灵感，她的确值得拥有那幅画。可是，惠特尼，这是怎样的一件礼物啊。你这是在把你的右手、你的右脚、你的右眼送给别人——这是我见过的最美的东西，我知道那是你的最爱啊！”

“所以我才想要送给她，”他说，“这就是我对她的看法。”

于是他开始安排赠送的相关事情。然后，就在这件珍贵的礼物快要送到白宫的时候，总统遇刺去世，肯尼迪夫人离开了白宫。

这幅画背后的全部故事[1]——给了我很大的冲击。我把它登在了《时尚》杂志上。我们是这样刊登的：

浪漫的情绪是一种观点：在褶边、蝴蝶结和蕾丝的背后——在你所有熟悉的象征之物背后——还有一个神秘的世界……让我们看看这幅萨金特的画，去感受它。在黑色的幕帘和淡色的绸缎之间，掩盖了一些秘密的笑声，一些私密的快乐，还有万种的柔情——这种掩盖营造了具有神秘感和魔法的魅力；我们觉得这一刻的疲倦只是短暂的平

1　原文为法语：histoire。

静，很快，逐渐沸腾的欢乐与活力就会将她征服——这个嬉笑着的可爱的女孩已经爱上了她周围的世界。她的世界，她为自己创造的世界，对她来说是真实存在的——因此对我们来说也是真实的……我们相信它，就像我们相信普罗斯佩罗的魔法岛或者雅顿森林……或者就像我们相信亚兰·傅尼叶（Alain-Fournier）[1]在《美丽的约定》（*Le grand meaulnes*）里的那个世界一样——一个我们明白其实不比一个法国小村子大多少的世界——但也是一个作者如此充分构想的世界，也使我们深刻地意识到，它正在变得真实，变得广阔，变得无边无际：变成了一个浪漫的世界……你应该自己去发现它，在你的内心深处——在一个寂静、绿意盈盈又凉爽的内心世界里，你可以一个人自由自在地去做梦：即奇妙的就是真实的，因为你觉得它是，你希望它是……你希望它成为真实的。

我不记得这里面有多少是我写的了。通常我会先写下一些点子，然后交给文字编辑去发挥。我知道这段话参照了《暴风雨》[2]，虽然不是我的点子——但我绝对允许这么做。但是我肯定是提议要借鉴亚兰·傅尼叶，我总是想要写到《美丽的约定》。

那幅画现在就挂在白宫一层的绿厅里。在一块小小的牌子上写了画的名字《蚊帐》和捐赠者的姓名，当然了，没有写任何捐赠的原因，

1 亚兰·傅尼叶（Alain-Fournier，1886—1914），法国作家、士兵。仅写过一部小说《美丽的约定》，被认为是法国文学的经典。

2 《暴风雨》（*The Tempest*）：莎士比亚晚期创作的一部戏剧。

也没有写惠特尼·沃伦对于肯尼迪家族对国家贡献的任何感言。我不确定那幅画是在他遇刺的当天送到的，我敢肯定她甚至从来就没看过它。

第二十九章

我在大都会博物馆已经做了12个展览。最开始是泰德·卢梭(Ted Rousseau) 请我去的。他来找了我四五次——他是我的一个老朋友，也在博物馆任职——他就坐在你现在坐的地方和我争论。我说，“泰德，我可从来没有以游客之外的身份去过博物馆。”

他说，“好啊，那为什么不改变一下呢？”

当然，我有自由去接受。我当时已经被《时尚》杂志解雇了，他们想要执行新政策，他们成功了。

不过在解雇人这件事上他们做得不太好。玛格丽特·凯丝（Margaret Case）是曾经在《时尚》杂志工作过的诸多伟大编辑之一。她把自己扔到了窗户外面去，因为她当时已经 80 岁了，没了工作，也没有钱——她是被人用最可怕的方式给解雇了。她之前就住在我们这栋楼里。从这栋楼，她走路穿过纽约糟糕的天气——暴风雨之类的，走到莱克星顿大街去——从那里坐巴士到五十二街康泰纳仕集团的办公室去，他们也是在那里决定不再继续雇佣她了，没有人想到特意去告诉她……就算看在她为集团干了这么多年的分儿上。

她是个很棒的编辑，她的才华是社交，她用鼻子闻一闻就知道你是谁。那是一个到处充斥着偏见的时代，你绝对无法想象。我永远忘不了我们给贝贝·简·霍尔泽（Baby Jane Holzer）[1] 拍照的事——就是 1960 年代的那位光彩照人的金发女郎，她是那么漂亮！——当时是在巴黎，1960 年代初。你还记得那个时候的世界是什么样子的吗？即便是像塔蒂亚娜·利伯曼（Tatiana Liberman）这么精于世故的人都说，“你知道她是什么人吗？”我说，“不知道，什么人？”“黛安娜，她是个犹太人！”“好吧，”我说，“塔蒂亚娜，说实话，这本杂志是给大众看的。我们用 3 年的时间把杂志发行量增加了 50 万册，就是因为我们对所有人都一视同仁，只要杂志的内容有魅力，读者觉得能从中获得灵感就可以了……这就是我们要做好的事情。”

“好吧，只要你知道自己在做什么就好。”

1　贝贝·简·霍尔泽（Baby Jane Holzer，1940—），美国艺术收藏家、电影制片人，曾经是女演员和模特。

我心想，“我完全知道自己在做什么。”

玛格丽特·凯丝就是这类人当中的一个，但她知道自己在说什么。她出生在纽约的伊萨卡，据说她以前曾经跳过舞。你可能会问，像玛格丽特·凯丝这样小地方出身的人，怎么会有这样灵敏的社会嗅觉。好吧，你认不认识几个夫人的女佣？或者认不认识一两个男管家？比一比看看你有没有可能比他们知道得更多。我倒不是觉得玛格丽特和他们是一类人。她是个高贵的女性，一个好女人，很懂时尚。在很长一段时间里，她称得上是康泰·纳仕的左膀右臂。但后来他们决定不要她了。她都没有理解到那些暗示。有一天她还在自己桌上办公，那张桌子她已经用了四五十年，然后来了几个搬家工人说要把桌子搬走。她说，“但这是我在用的桌子。我的东西都在里面。”

可是，他们还是搬走了她的桌子，把里面的东西都倒了出来，装满了好几个箱子。这简直太可怕了，不是吗？文件、信件、照片。我真是没办法上楼到她的公寓去，我真的是看不下去。

有一天早上，时间还很早，我的女佣伊冯娜从后院穿过的时候发现了她。她跳楼了，从16楼跳下来。穿得整整齐齐。她穿了一件雨衣，扣子一直系到上面，还有一条小手帕，身上从上到下所有的扣子都扣得好好的，还穿了一条宽松的长裤。我是说，她真的是把所有的都想到了！

好吧，我得承认，他们解雇我的时候比较礼貌一些。大都会博物馆的泰德·卢梭听到消息后就来找我。我很喜欢他，他是个很棒的男人。他在巴黎长大，他自己就是个大都市人。他把我安排在博物馆的服装学院办公室里——服装学院在大都会博物馆里有悠久的历史——是刘易森体育场（Lewisohn Stadium）[1] 的人创立的。他们已经收到了一些很棒的捐赠作为最初的藏品——有披肩，精美的蕾丝，执政内阁时代的服装，等等，还有 18 世纪的裙子……不仅仅是一系列精彩的藏品，而且保存得也非常好。我曾经带着玛丽 - 海伦 · 德 · 罗斯柴尔德（Marie-Hélène de Rothschild）[2] 去过那里，她说，“天呐，黛安娜，如果我的衣服都能这样保存该有多好啊！”你在那里看到的所有一切，都是有呼吸的；衣服都被保存在百叶窗帘遮挡的巨大柜橱里——温度、湿度，还有光照，都是精心控制的。

第一个展览是巴伦西亚加的，它带来了博物馆馆员们所期待的参观盛况。到了第三个展览的时候，我们做了一个名为“浪漫迷人的好莱坞设计”展。那时候博物馆的主任是汤姆 · 霍温，他打来电话说：“看在老天爷的分儿上，黛安娜，为什么要把大都会博物馆和好莱坞弄到一起？”

我说，“汤姆，法国衣服我已经看了 40 年了，我可以告诉你，我可从没有见过这样的衣服。”

我说的是实话。那些服装简直是棒极了——那些女演员穿的服装。当然了，我指的是在好莱坞鼎盛时期的设计……就是嘉宝在饰演卡米尔或者魔女玛塔时穿的，迪特里希在出演《天使》（*Angel*）时候

1　刘易森体育场（Lewisohn Stadium）：曾经建在纽约市立大学校园里的圆形剧场和运动设施，1915 年开放，1973 年被拆除。

2　玛丽 - 海伦 · 德 · 罗斯柴尔德（Marie-Hélène de Rothschild，1927—1996），罗斯柴尔德银行家族后代，巴黎上流社会名流。

穿的……还有费雯·丽（Vivien Leigh）[1]在《乱世佳人》（*Gone with the wind*）里穿的服装。

为了找那些服装我几乎跑遍了所有的地方。我在新奥尔良的下等小酒馆和销售狂欢节装扮的仓库里找到了它们，我为它们跑遍了整个美国。当然我也去了加利福尼亚的电影工作室……我把消息放出去让人们知道我对那个时代的衣服感兴趣。每个人都在和我说："哦，弗里兰夫人，我们给你准备了个大大的惊喜！我们有斯嘉丽在《乱世佳人》里穿的那件独一无二的绿色窗帘连衣裙。我们一直给你留着。所有人都在找这条裙子，但你才是最该拥有它的人。"我总是回答，"非常感谢，但你对我真是好得过头了"，因为我已经去见过了丹尼·塞尔兹尼克（Danny Selznick）[2]，他把他父亲衣橱的钥匙交给了我，衣橱里面有一个巨大的保险柜。"黛安娜，"他跟我说，"《乱世佳人》里所有的服装都在那里面。"费雯丽穿过的所有漂亮裙子都整整齐齐地挂在里面。在好莱坞我至少见过不下 20 次所谓的"真品"，但是最后我还是带着真家伙走的。

我总是记得《乱世佳人》，当时我和里德在纽约曼哈西特小住过一阵。约克·惠特尼（Jock Whitney）[3]的妹妹琼·佩森（Joan Payson）叫私人司机开车送来了那本书的手稿。她叫我快点读，因为第二天早

1 费雯·丽（Vivien Leigh，1913—1967），英国舞台和电影女演员。

2 丹尼·塞尔兹尼克（Danny Selznick），电影《乱世佳人》制片人大卫·欧·塞尔兹尼克的儿子。

3 约克·惠特尼（Jock Whitney，1904—1982），曾担任美国驻英国大使，报纸出版商，现代艺术博物馆的馆长。曾资助拍摄电影《乱世佳人》。

上还要送到好莱坞去，送到大卫·欧·塞尔兹尼克手里。和那本手稿相比，电话黄页看上去就和口袋里的一条手帕似的那么薄。我叫司机向佩森女士解释，我还是希望晚上能睡个觉，至少可以睡上一小会儿，而那本手稿可能会让我两三个礼拜的晚上都没办法睡觉了。其实我不喜欢小说——我不在乎写在纸上的人发生了些什么。

我自己最喜欢的一个大都会展览是“哈布斯堡时代的时尚：奥地利—匈牙利”。不幸的是匈牙利人已经不再会让这个世界留下什么印象了——他们从来就没成功过，而成功是唯一能被我们这个世界理解和记住的事情。

我自己从没有真正经历过铁幕（Iron Curtain）[1]。我去过莫斯科和列宁格勒，但我想说的不是这个，我指的是像匈牙利这种卫星国。当时我为了筹备展览去到了匈牙利，待在那里的时候我感觉非常沮丧，简直等不及把工作早点做完好回到美国去。不过他们也因祸得福：因为那里没有高层建筑，所以他们才打赢了仗。在多瑙河两岸还保留着有巴洛克式轮廓的十八世纪宫殿。他们带我去了两个博物馆，内部都保存得非常好，而且照明做得很漂亮。但是那里的穷人啊！那种所有人都没事情做的匮乏的感觉。最让我难过的是那里的男人。我在那里的时候是三月份——阴冷灰暗——男人们穿着褪了色的大衣，拎着黑色的公文包。你觉得那些公文包里面能装着什么？我猜不出。肯定不是工作文件，因为我压根儿就不觉得那时有什么人有事情做。

1　铁幕（Iron Curtain）：指昔日西欧与东欧共产党国家之间想象的屏障。

也许是遗嘱吧。或者是个酒瓶子。他们都有点儿驼背，通常人们不知道往哪里去的时候就会是这个样子。

但是如果你在战前去过布达佩斯，你就能了解历史，理解浪漫……战争发生之前，布达佩斯是全欧洲最时髦的城市。

布达佩斯！布达—佩斯！一座城叫布达，一座城叫佩斯，多瑙河从两个城市中间穿过。当你闻到多瑙河的味道，就会知道你已经不在西方了。那是一股说不清楚的东方的味道。

多瑙河现在闻起来还是那个味道，那是我回布达佩斯为哈布斯堡服装展找衣服时唯一没有改变的东西。现在那里是一座灰暗的城市，有着灰暗的建筑和阴郁的人民……但在我的记忆当中，布达佩斯是座快乐的城市，充满了魅力，到处都有生活的气息，还有小提琴；你望向窗外，就会看到一个赤脚的吉卜赛女孩正牵着一头鼻子上拴着环、用后腿走路的熊。或者看到一个漂亮的军官，穿着淡蓝色的上衣，袖口装饰着貂皮，一只领子敞开到一侧的肩头。还有带有刺绣的靴子！叫人惊鸿一瞥的布达佩斯！

那里曾经有过很多的动物。在布达佩斯确实曾经有过。我们经常去动物园吃午饭，动物们就在我们周围漫步——有各种美丽的长角动物，还有孔雀、鹤和鹈鹕。布达佩斯的动物园是你能想象出来的最浪漫的存在。你知道吗，我最喜欢的电影就是《布达佩斯动物园》（*Zoo in Budapest*）——洛丽泰 · 扬（Loretta Young）和吉恩 · 雷蒙德（Gene Raymond）演的。没几个人知道有这么一部电影。

在匈牙利的其他日子里，我们会开车到布达佩斯北部的郊外去，那儿就像一片俄罗斯的大草原，在那里我们看到了之前只在突尼斯见过的东西。海市蜃楼，水中幻影。在那里我们看到了戴着大宽檐帽的牛仔。

晚上我们会回到杜拉帕拉托酒店（Duna Palato Hotel），我们总是会住在那里。哦，杜拉帕拉托酒店建造得真是太精致了！ 19 世纪末的时候，丽兹先生曾经和妻子在那里住过，之后他决定照原样复制。每一座丽兹酒店，从巴黎旺多姆广场的那座开始，全部都是照着杜拉帕拉托酒店建造的。杜拉帕拉托毫无疑问是全欧洲最好、最奢华的酒店，直到后来在战争当中被炮弹直接打中了。

大约晚上九点钟的时候我们在葡萄酒花园里吃晚餐。在路上你可以从门旁边的一个高架子上抓一条花格毯子——是蓬松的羊毛毯。我拿了两三条。你可以用来盖在膝盖和肩头。花园里到处都是蜡烛，还有好多的侍者，入夜之后又来了更多的侍者，他们围着你转，帮你弄弄这个再弄弄那个，他们绝对不会对你说什么赶快把酒喝掉吧然后就可以走了之类的话。还有那些小提琴手，他们对待你的样子就好像你是童话里面走出来的人物。

在布达佩斯还有另外两处很与众不同的地方——巴黎铁门俱乐部（Parisienne grille），那是个巨大的舞厅，房间的四角各有一个包厢，相隔很远，跳舞的地方在下面，你可以走下去加入他们跳起来。另外一处是亚利桑那俱乐部（Arizona）。那里没有任何一件东西能让哪个布达佩斯人联想到美国的亚利桑那州，除了那个可以升起的现代机械舞台之外。那上面坐着一个女孩，穿着灰色的长裤，戴着宽边呢帽，唱着《暴风天》（*Stormy Weather*）那首歌。至于这为什么会让匈牙利人联想到美国的亚利桑那，我可是一点都不明白。毕竟如果你去了亚利桑那州的一个叫布达佩斯的地方，至少肯定能看到十几二十位穿着红裤子的小提琴手和服务生。

还有布达佩斯的泥巴浴！每天早上，都有一个女人来到杜拉帕拉托酒店，带着从多瑙河上游某处取来的泥巴，我就会坐在那里一整个早上，开开心心地，让她把那些可爱的泥巴涂在我的脸上和脖子上。在布达佩斯每个人的脸上都是干干净净的。别忘了，这座城市里没人有钱——但是每个人都在恋爱当中，每个人都穿得那么漂亮，每人都穿着那么漂亮的鞋子……全世界最好的鞋匠都在那里——是最好的——所以每个女人穿的鞋子都很优雅，就像芭蕾舞演员的脚。

还有那里的男人……他们是多么的浪漫潇洒！到了 80 岁仍然还是那么浪漫潇洒，因为他们从来不会厌倦快乐。从他们身上你能看得到人老去时的美丽。我们常常想要和这个膨胀的世界赛跑——我指的是那些很有来头的人，比如匈牙利版本的德比勋爵（Lord Derby）。说点有意思的事情：那里的大封建主们，总是穿着条纹长裤和圆摆礼服，戴着灰色的大礼帽，他们总是会化一点妆。这里用一点眼影粉，那里用一点黑色的油膏，这里一点，那里一点……这样整张脸的表情就被画出来了。显然这是非常斯拉夫人的事情——想必是从罗马尼亚传过来的——就像一个老女人穿着蕾丝领子一样理所当然[1]。我从没用

1　原文为法语：comme il faut。

异样的眼光看待过他们，我用一种类似某个人到了布达佩斯之后的眼光看他们。这些都是在那个时代里的寻常事。

你可以把这个叫作“孔雀情结”——我允许有这个说法。就像波德莱尔（Baudelaire）[1]说的，给我一个公子哥，我会还给你一个英雄。我从没在别处见过像在布达佩斯见过的那种公子哥。很匈牙利。19世纪的时候更甚一些。我回到布达佩斯之后，对19世纪的男制服十分着迷，它们都很有贵族的优雅。优雅的地方表现在那些皮革上，在那些金线刺绣上，在装饰着白鹭羽毛的精致头盔上；还有挂着流苏的靴子和黑色貂皮……当然了，这些都有一点点的荒诞，因为他们很少打仗，可是却总穿着制服——是因为皇帝要求，宫廷内的所有男人都不允许穿所属军团制服以外的服装。他们就是有这种真实的荒诞。

那些匈牙利男人是我的英雄。然后，伊丽莎白（Elisabeth），奥匈帝国的女皇，就是我的女英雄。她出生在维特尔斯巴赫（Wittelsbach），我可以给你看张她的照片，还有路德维希小时候的照片，他们长得真是一模一样——虽然他们只是堂兄妹的关系。除了通过头发，你完全认不出哪个是男孩、哪个是女孩。伊丽莎白非常宝贝她的头发，她把自己的头发照顾得好极了……可能你还记得那副伟大的温特哈尔特（Winterhalter）[2]画的画像。她是最早的现代女性。最早健身的女人，最早练体操的女人。每周都有一个晚上，她会睡在包

1　夏尔·皮埃尔·波德莱尔（Charles Pierre Baudelaire，1821—1867），法国19世纪最著名的现代派诗人，象征派诗歌先驱，代表作有《恶之花》（*The Flowers of Evil*）。

2　弗朗兹·克萨韦尔·温特哈尔特（Franz Xaver Winterhalter，1805—1873），19世纪中期德国学院艺术派的古典主义绘画大师，擅长人物肖像画。

裹过牛排的浴巾里——为了护肤。很显然，她看上去从没超过三十岁——从来都是这么年轻。

我在布达佩斯的时候，他们给我看了……一开始，我不太明白他们要给我看什么。我的翻译和服装馆长还在讲着匈牙利语和德语，这个时候一个盒子被端了出来。盒子里面有一件小小的漂亮的黑色塔夫绸衬衫，领子很高，腰部很窄。那是伊丽莎白穿过的。她的腿很长——个子不矮——但是轻盈又苗条。

“这一件，”馆长说，“是女皇遭刺的时候穿的。”

“哦……”，我说。

那件衬衫就像我穿的这件一样，看上去没有任何破损，但是在那把又尖又窄的短刀刺进去的位置有一条细缝——除那之外就再没有任何痕迹了。你知道，当时她穿了紧身胸衣。她被束得很紧，外面没有一丁点血流出来，就因为这个，无论她自己或其他人都不知道发生了什么。她当时还继续在走路。“请扶我一下，”她说，“我想回到船上去……”

她继续走路的时候，大出血已经发生了——被紧紧地束在这件黑色的塔夫绸衬衫里。但是她还是继续走路，继续走，继续走……她回到了船上，被带回了日内瓦，死在了那里。你得去想象这一切。当然，如今你已经不需要去自己想象了，会有狗仔摄影师围在四周把一切都拍下来。

第三十章

在俄罗斯的时候，他们和我说：“我们不是皇权国家。”

前几天我还想到了这句话。每天我要是不想到俄罗斯一次，这一天就不算过完。

有一次他们请我为一家床具生产商录一个电台广告。你可能会说，就是个广告工作而已，但我碰巧认为，床是很不可思议的家具。在我家有一个大沙发，而且，还有一张特别大的床。于是我说，“我想在广告里这样说：我在列宁格勒郊外的巴甫洛夫斯克时，在凯瑟琳大帝为保罗——她的儿子盖的宫殿里——我看到了凯瑟琳的床，是 L 字形的。多有趣——一张 L 字形的床。这里是床，这里是 L 字底下的一横——也是张非常宽的床。别问我为什么是这样——我也不知道，没人给我解释过。也没有人知道究竟为什么她要把军队派往那里，为什么要在这里成立海军……但是我打算建议电台广告讲一讲类似这样的内容。”

他们认为这个不太适合。

“但是，”我说，“难道没人想要一张和俄国凯瑟琳大帝一样的床吗？她非常伟大，就像梅 · 韦斯特（Mae West）[1] 说的……事实上那是她的一出舞台剧的名字——《伟大的凯瑟琳》（*Catherine was great*）。我总是觉得应当给听众讲点什么！”

我去俄罗斯为大都会博物馆的展览收集服装，到达的第一天没什么事情可做，会面都安排在了第二天，于是我就去了托尔斯泰的故居。那里曾经属于莫斯科郊外的偏僻乡村地界，但是现在已经在莫斯科城外一点的地方了。除了我那里没有别人，我觉得那里称得上是世上最美的地方。那些紫丁香花——就像一大串一大串的葡萄——炮弹似的在墙头炸开……我完全被征服了。

一个小女孩儿一直跟着我，显然她是门房的女儿。当然了，我当时说了一些胡话——我第一天到俄罗斯，实在是兴奋极了。我觉得她听懂了我。可是后来她跑走了，就像所有的孩子一样，像小狗一

1　梅 · 韦斯特（Mae West，1893—1980），美国演员、歌手、剧作家、编剧、喜剧演员和性感符号，娱乐生涯长达 70 年。曾撰写并出演百老汇舞台剧《伟大的凯瑟琳》。

样——你知道的，他们会很着迷地跟你一阵子，之后就没了兴趣。可是后来她又回来了……带来了一支玫瑰！是托尔斯泰的花园里的玫瑰！我把它带回了家，插在一个小小的奶油罐子里，我在莫斯科的10天里一直留着它。

某种意义上说我们都是流亡者，但是我们没办法理解永远无法回到你的祖国是什么感受。但我在俄罗斯待了48小时之后，我对自己说：在我知道的所有国家里，如果这个国家就是我永远不能回去的，这可真是最糟糕的。

晚上，我一个人走路穿过红场……感觉自己就像个小孩子。晚上的天光一直亮到夜里差不多十一点半，但不是太阳，是光，天空背后的光。我不觉得自己喜欢午夜阳光。我喜欢的是黑暗——有一些变化的黑暗。我爱那些金色的洋葱圆顶，也爱那美丽的天空。我爱中世纪的俄罗斯。莫斯科真的可以算是我的家乡。

然后是……列宁格勒（Leningrad）！我是在三月末到的那里，还是冬天。一切都是黑色的——当然除了那些建筑以外。你越往北走，就会越喜欢色彩，没有人比俄罗斯人更喜欢色彩了。我回来之后，一个朋友说，“所以你现在喜欢上了那些三流的意大利货——喜欢列宁格勒，那个长得像蛋卷冰激凌似的小镇？”的确如此！

当我到列宁格勒的时候，每棵树都像是一根又黑又粗的线条。一星期之后……春天到了！那是我这辈子见过的最漂亮的大城市。比生命本身还要伟大。我的意思是，在40平方英里的地方里，那些粉色、紫红色、薰衣草色、淡黄绿色和浅蓝色的宫殿，一切都是那么有贵族气质，一切都是那么宏大……有那么宽阔的大道和广场……河流、桥、日落，还有北方干净、清新的空气。

我喜欢俄罗斯人[1]。我这样叫他们纯粹是出于习惯，因为俄罗斯芭蕾舞团的关系，因为福金的关系，也因为我在伦敦、巴黎、洛桑和纽约看过的所有那些移民的关系[2]。你也知道的，移民都说法语。

不久前，我见到了我的一个朋友，俄罗斯女演员艾雅·阿布迪（Iya Abdy）。她父亲是位伟大的戏剧演员，俄罗斯全国的人都知道他。今天晚上他还是鲍利斯·戈都诺夫（Boris Godunov）[3]，明天晚上他就变成了“可怕的伊万”[4]。他坐着大篷车，跟着鹦鹉、猎豹、花豹和老虎到处旅行。艾雅就是这样长大的。

她来大都会博物馆看了俄罗斯主题的服装展览，是一个人来的。她总会给别人一种印象，就是在周游全世界的时候都是自己一个人。“哦，黛安娜，”她说，“你讨厌俄国吗？”

她永远改不掉她的俄国口音，这一点还是让人觉得很好奇，考虑到她离开俄国毕竟已经很久——有五十多年了。不过她现在的样子看上去和我第一次见到她时没有什么不一样，让人好奇的是，我第一次见她是在纽约。她当时在道尔华夫大厦外面遛着五只北京哈巴狗。她有一头浓密厚实的金发，戴着一顶巨大的黑色帽子，还有一张大嘴巴。

1　原文为法语：les russes。

2　原文为法语：émigrés。

3　鲍利斯·戈都诺夫（Boris Godunov，1551—1605），俄罗斯沙皇费奥多尔·伊万诺维奇的主要谋士。

4　瓦西里耶维奇（Ivan Vasilyevich，1530—1584），莫斯科大王子，“可怕的伊万”，后来成为俄国沙皇。

她身高六英尺。在纽约，你知道的，在当时还是个小城市——你常常能和别人见到面。我当时对自己说，“这位一定是阿布迪夫人了。”

她是我的一个老朋友。如果我们都在城里的话就会经常碰面。大城市都是一样的——和别人保持联络仿佛是件难事——但是我们总是会找到对方。她现在身高还是六英尺，一点都没变矮，仍然有很强的存在感。她总会让我联想起一个巨大的金色巴洛克大天使。

有次她对我说，“你的状态怎么会这么好呢？”她当时真的很期待我会回答“哦，其实不怎么好”。然后我们两个就可以开始一起抱怨。俄国人就是这样子。

于是我说，“那你想要我怎么样——慢慢萎靡不振，然后死掉吗？”

她说，“好难啊，不是吗？活着很难，你不觉得吗？”

“不，”我说，“我不这么认为——只要你一直有事做就不会，只要你一直对事情保持兴趣就不会，只要你自律就不会，只要你保持节奏就不会……”

和俄罗斯人待在一起倒是挺容易伤感的。

不过我确实觉得，保持任何形式的节奏都是绝对必要的。我是说，我们都是肉体所铸，我们依赖肉体的行动、情感和智力生存，不是吗？你知道我总想什么吗？冲浪！我确实认为冲浪是这个世界上最美的事情。我确实是这么认为的。哎呀，我曾经几个小时不断地盯着那些冲浪的人看。在加州的时候我曾经到马里布海滩去，在那里一直待到午夜，我裹上披肩，在头上戴上头盔之类的遮住脸。他们都穿着橡胶衣，我只能借着月光看到他们远远地出现在浪头上。我可以这么一直看下去！一直看！！同时我也很嫉妒他们。但是你知道我不是个爱嫉妒的人。通常的状况是……我谁也不嫉妒，但我的确嫉妒那些冲浪的人。我想也许是因为我非常喜欢跳舞，还因为我在俄罗斯芭蕾舞学校度过的那些年月。当然了，冲浪这件事让我真正着迷的时候，是你可能会觉得我有一点点老了之后。

冲浪很不错！

但是，当然了，我也是很喜欢水的。我和你说过我觉得水是上帝手中的镇静剂吗？作为一个身体里流着一点苏格兰血液的人，我觉得在雨中漫步是一件非常浪漫的事。我不是说在倾盆大雨里到处溜达——喜欢烤火并不意味着整栋房子都要烧起来——但是待在水里，感受到水的包围，清早起来的时候知道整片天空和整个世界都处在一种可爱的清新干净的状态里……总是会让我非常愉快。我不喜欢美国人的一个原因就是他们对雨没有鉴赏力，雨好像会让他们感到不安。雨是和他们作对的东西：他们把雨视为一种攻击，给他们造成了不便！但是雨是那么地美好，那么地干净，那么地清新，那么地让人感到平静……

我一直都和美好优秀的年轻人待在一起——无论他们年龄多大。人们到了晚年的时候，似乎总是在按照时间表过日子。但是，你看，我一直都非常忙。当然，倒不是说现今我的工作还像以前那样——那样想有点太荒谬了。我从没有专门花时间去考虑，去数一数日子，去问今天是哪一天，或者我自己今年已经有多大岁数。我有很棒的同代的朋友，但我从不会在意年纪。

我曾经很喜欢跟克拉伦斯·狄龙（Clarence Dillon）[1] 聊天，他应该已经有一百多岁了，他从来都记不住我。我得坐下来握住他的手说，“你和我是好朋友，我们不需要去想彼此叫什么名字，因为我们从来都记不住。”

我总是会花费好一番力气才想得起来自己生日到底是哪天。年龄这件事实在是无聊……有那么多的美国人都没有办法跟自己的年龄友好相处。上年纪、变老这件事，像个鬼魂似的飘在他们背后。我觉得原因就是那个糟糕的退休制度。如果你已经没工作可做了，你会做什么呢？

在《采访》（*Interview*）杂志上有篇很精彩的报道，让娜·莫罗（Jeanne Moreau）[2] 说：“我会在很年轻时就死掉。”

“有多年轻？”他们问。

“我不知道，也许 70 岁，也许 80 岁，也许 90 岁。但我一定会是很年轻。”

假设我现在很年轻，今天刚刚准备在纽约开始一切。当然了，我就得工作，因为如今想来纽约就需要工作。我会做什么呢？保不准我也许会在哪里的实验室里研究药理学。

我觉得现代医学很有趣。有那么多的东西已经发展到如今这样精细的阶段。青霉素，绝对是我这辈子见过的最伟大的发明。还有避孕丸，在 1960 年代的时候全面打开了男孩和女孩之间的交往……好了

1　克拉伦斯·狄龙（Clarence Dillon，1882—1979），美国金融家、投资银行家。

2　让娜·莫罗（Jeanne Moreau，1928—2017），法国女演员、导演。

好了，这些事你已经听我讲过一千遍了吧。

我自己对医学的理解还比较初级：比如，好好享受一个按摩——我相信这个！有这个就行了。我们就可以长生不老！亲爱的，就是这么简单。

我喜欢他们把我的后背按得咔咔响！我可以帮你按后背——但是你也得给我按。这是我的规矩。我总是和孙子们一起练习。

还有拉伸！我特别相信拉伸。我在浴缸里拉伸，站起来的时候拉伸，打电话的时候也拉伸……无论你正在做什么事，如果你同时还能做另外一件事的话——去拉伸！空闲的时候，靠着门站，比如浴室的门，把你的脊柱靠在上面，能把你身上所有的部位都归位。每个人都应该这么做。

我常常会在浴室里待上好几个小时。我这辈子从来没有在午饭之前出过门，除非是要去看牙医。早点去看牙医很重要，因为那个时候他们还处于心平气和的状态，不恼火也不疲倦。和一个疲倦的牙医打交道可真是会叫你够受的。但通常我会整个早上都待在浴室里，把当天一半的工作都做完。看上去是一种懒散，但是现在我很相信新陈代谢这件事。甲状腺也很重要。我在《时尚》和《芭莎》杂志的时候，非常在意秘书的甲状腺状况，所有的秘书都被我送去检查甲状腺功能，没有一个漏掉。“你做事情有点慢啊，姑娘。”

肝脏也至关重要——另外也别忘了胆囊！我还记得在纽约的时候，我跟一位很棒的朋友一起吃晚餐，她刚刚从日本坐飞机回来——整个人看上去就像一朵玫瑰花。

“在刚刚飞了这么累人的一段航程之后，怎么你的状态看上去还那么好？”我问。

“我从来，完全，不会生病，”她说，“虽然我也曾有过严重的偏头疼和其他的问题。有一天我去乡下的村子见我的医生，我对他说，‘我的工作很糟糕。每天晚上我都要带那些美国买家进城去，他们会要六种不一样的葡萄酒，还有三种白兰地。但是每天晚上我都要这样来一遍，我的肝脏都毁了。’”

乡村医生检查了她的肝脏，发现肿大得厉害。于是他讲了个故事，说的是一个住在他们村子附近的和尚，每天早上用穿过村子的小河里冰冷的河水洗脸。他身上总是这里疼那里疼。有一天，在洗过脸之后，他把又湿又冷的双手按在了胆囊的位置——然后就不疼了。于是他每次吃过饭后都会去小河边，用那冷水敷在同样的位置上——然后疼痛和肿胀都消失了！“拿一小块海绵，”乡村医生告诉我那个朋友，“用冰水浸湿了，然后在每餐之后按在你的胆囊上。”

我的朋友就完全照做了。当我有很厉害的偏头痛发作时我也会这么做，我可以告诉你这很管用。永远不要忽视你的胆囊！

我父亲，在普鲁斯特的年代——1909 年、1910 年、1911 年住在丽兹酒店——他亲眼看着一个男人连续打了三个星期的嗝。他自然也吃不了东西，身体也慢慢变得糟糕……这个人打嗝快要把自己打进棺材里去了。没人知道该怎么办。然后丽兹酒店的主管，奥利佛（Oliver），一位伟大的绅士，后来他成了我的一个好朋友——在德国人打进巴黎的时候自杀了——拿着一大罐漂亮的辣椒和一块很大很软的亚麻布接近了他，说：“先生，我想反着来试试看……”接着他把辣椒满满地倒在那块亚麻布上，然后把亚麻布按在了那男人的鼻子上——那真是一条冲鼻子的手帕——之后那个男人不打嗝了，开始打喷嚏……反着来了，你看，后来就这样好了。

几年前的一个晚上，我接到好朋友沃尔特·莫瑞拉-塞勒斯（Walter Moreira-Salles）[1] 打来的电话，他当时是巴西驻美国的大使。“黛安娜，”他说——他本来当晚要和我们一起晚餐的——“我知道你总是安排我坐在你的右手边，但是今晚我可以坐在你对面吗？这样我就可以比较方便地离桌，我觉得自己快要开始打嗝了，你瞧，”他接着说，“人们常说总有一天打嗝会要了我的命。”

那天晚上沃尔特到了，我为他安排坐在我对面的位子。接着，果然，他开始打嗝了。“沃尔特，”我说，“照我说的做……拜月亮!”接着……我教了他我的方法，没有像奥利佛先生那么戏剧化。你看到我做的时候，别以为我是发疯了或者怎么的，我只是在治打嗝而已。我管这个办法叫“拜月亮”，因为看上去很像。那其实是个很有魅力的姿势，而且也不怎么显眼。我做给你看。举起手臂，手里握着你的酒杯，就好像在对着月亮敬酒，提升你的横膈膜……咽一口吐沫，放松横膈膜。接着再来，再咽。再重复。就是这样——但是这个办法管用！“沃尔特，”我低声说，“向上！打开！咽唾沫！向上！打开！……致敬，致敬！”

1 沃尔特·莫瑞拉-塞勒斯（Walter Moreira-Salles，1912—2001），巴西银行家、政治家和慈善家。

后来沃尔特说："亲爱的黛安娜，你救了我的命。你教会了我一个办法。现在我再也不用活在恐惧里了。"

这办法是我自己研究出来的。拜月亮。

我也会做一些自己发明的下意识的瑜伽动作，虽然别人告诉我那就是瑜伽。有一次，在加州的金门，我对后来我每天下午都会去见的瑜伽教练说，"我给你看一下我是怎么做的！"

做完之后，他说，"做得太棒了！"他完全被吸引住了。

我给你示范一下。放松双手双脚，用手指按住一只鼻孔……吸气，吐气。现在按住另外一只鼻孔，然后吸气……你的眼睛有感觉了吗？这样做的目的是加快脑袋里的血液循环。现在我只做了两次，但我通常会做个 20 次。我总是会坐在浴缸里做，那让我觉得特别放松，也让我眼睛后面的地方觉得非常舒服。这是我自己想出来的，短短一分钟就可以完全改善你全身的状况，会增强血液的循环。棒极了。所有人都应当知道这个办法。

我很想知道这个国家为什么还没有更多的人知道老虎清凉油。老虎清凉油不是违禁药——我的意思是，买这个不会被逮捕。闻上去就像维克斯薄荷伤风膏，而且也有相似的效果——而且它更有效。

几年前，我曾经一度非常担心我的喉咙。我当时还以为自己永远都会用像塔鲁拉 · 班克赫德（Tallulah Bankhead）[1] 那样的嗓音说话了，我讨厌那种嗓音。但是老虎清凉油把我给治好了！我特别想带一大罐

1　塔鲁拉 · 班克赫德（Tallulah Bankhead，1902—1968），美国舞台剧和电影女演员，有独具特色的沙哑嗓音。

去给我的医生。“哦，老天爷！”他一定会说，“这回你又在搞什么？”

“但是你从没治好过我的鼻窦炎，我这里堵那里堵的问题也没治好，”我会对他说，“但是老虎清凉油把我治好了！”

另外我也彻底爱上了姜茶。我花了几年的时间才接受它，但是现在我真是喝上了瘾。我每天晚上下班回到家之后都会喝。它会增强你的力量，你的手脚能感觉到，脸和眼睛后面都能感觉到……你会觉得变强了一些。

喝茶真的是非常、非常重要。东方人在数千年前发现了茶，接着几个世纪以前，英国人从东方学了来，可能学得有点过了头。但是茶在美国真是喝得太少，没有什么比茶更健康的了！

哦，别忘了还有金缕梅！工作之后，出门之前，我常常会躺在浴室地板上小睡一下，用装着金缕梅的小袋子敷在眼睛上。只要给我金缕梅和 15 分钟……醒来之后我可以征服整个世界。

当一天结束该上床的时候，我从来不会在上床的时候感到疲惫。这是里德教我的：刚醒来的时候要和入睡前时一样。睡眠、睡眠、睡眠……当然了，这是最重要的。也是为什么我总是说离开一场派对的最好时机就是刚刚开始的时候。你本不想喝的那杯酒才是最好的酒，如此说来，你本已经想走了但又留下来的时候，那才是最好的时候。

抱歉打断你，但是你知道吗，有时候你想到了什么但如果当时没说的话，过后你就永远想不起来了？我现在想起了普瓦捷的戴安娜（Diane de Poitiers）[1]，我觉得枫丹白露画派为她画的那些肖像实在是太美了。我不知道她到底是不是长着画里的模样，但是你从那个时期的

1 普瓦捷的戴安娜（Diane de Poitiers，1499—1566），法国贵妇和著名的朝臣，法王弗朗索瓦一世和其子亨利二世在位期间的重要宫廷贵族女性，后来成为亨利二世的第一情妇，更曾公开地和亨利一起行使政治权力。

回忆录里可以读到，她的皮肤真是好得不得了。她和国王一起打猎的时候，会戴上一张护脸面具，这样冬天的寒风就吹不到她。满月的夜晚，她会光着身子在露台上来一场“月光浴”。她每天都洗三次冷水澡——自律极好。但我现在想到的是刻在她床头上的箴言。她的床头刻着：“孤独[1]。”其实她并不孤独——至少她拥有过两个国王。

每当我回忆起自己的童年，我总是独自一人。当我回忆起战时的时候也一样……现在我又是独自一人。但是我知道怎么独处，因为我总是独自一个人。也许这就是人生的秘密。

毕竟，你总得从什么地方开始。就像我被出租车甩出去的那次——我没和你说过吗？

那是离大都会博物馆“名利场”服装展览开幕还有三个礼拜的时候。我的一只脚刚刚踏进出租车，车就开了，我整个人向后摔倒在地，后脑勺磕在路上，接着出租车拖着我往前开。当时——被拖在地上的时候——我还在想着，“还有三个星期展览就开幕了——你现在千万不能出事。”我听到自己的头磕在水泥地上的声音。后来司机终于看到了我，他停下车走了出来，看到我躺在地上。

“噢，上帝啊！”他说，“瞧瞧我都干了些什么！”

“我还没上车，”我说，“你就开走了，你为什么没有等我？”

“我也不知道！”

“可是，车上有后视镜，你总可以回头看一下乘客有没有上车吧。

1　原文为法语：Seule。

但是，算了——我没有骨折、没有受伤。我们继续走吧。”

于是我终于坐进了车，司机对我说，“夫人，我得和你坦白——这是我第一天开出租车，你是我这辈子拉的第一个人。”

“总得有个开始，”我说，“年轻人，永远向前看！永远向前看……不过你也需要回头看，看看后视镜，确认客人是不是已经上了车子！”

我这辈子经历过一些挫折，但是我想它们的出现都是好事。永远别往后看！别的事情我不去想。

我的人生在过去的几年里在以神奇的方式发展着。在那之前，我得到过自己的机会，做了一些事情，真真正正地工作过——实话说，再没有谁工作得比我还要努力了——但都是应该做的事情。时尚总归还是个幻想[1]，对我来说总是不真实的，但也是应该做的事情。即便在严格意义上说我已经不在时尚圈里了……我仍然在做着和时尚相关的事情，因为这是我唯一会做的事。

因为在时尚领域做的那些事而在大街上被人认出来是很美妙的，每次我都会非常开心。你瞧，我曾经被出租车司机认出来过，我就是会一直记得。关于这个我想过很多，我觉得这一定是因为时尚比舞台的魅力更大。我真的是这么认为的，时尚一定是我们这个平凡世界里最不平凡的东西。

我被陌生人拦住的时候，我就有资格说，“对，正是我，没错……”然后向对方伸出手去。我大概从十年前就开始这么做了。自打我的视

1　原文为法语：fantaisie。

力慢慢变得不好，我的害羞就统统不见了。在工作中和生意场上我从没害羞过，但我总是有点怕见人。现在，我已经再不会因为需要去见人或者因为视力太好、看什么都太清楚这件事而感到痛苦，因为现在我基本什么都看不见。

有一天，安迪·沃霍尔过来为我拍照。安迪已经为我拍过几百次照了……而且他拍得好得不得了。他永远知道自己在做什么，只按一次快门就拍完了。然后他会和你坐一会儿。安迪说他这次来的时候会带一个助手一起。我没有注意到，因为我的视力实在太差。

“你要助手做什么？”我问，“你是不是要学法国版《时尚》杂志，觉得自己也需要有个人给你打杂？”

“嗯，是啊。”

“可是你不需要助手啊，为什么不叫他走呢？”

“你会喜欢他的，”安迪说，“他长得很帅。”

“你可不要骗我，安迪。”

于是我就问他的助手，“你长得帅吗？”

没人回答。我问：“他为什么不说话？”

“他是从中国来的，”安迪说，“他的名字叫明·瓦兹（Ming Vase）[1]。”

跟安迪·沃霍尔在一起时你永远不知道会发生什么。

当然了，对我来说打电话是非常简单的事，因为不需要用眼睛看。

1 明代的花瓶。

我只要很简单地报出我是谁，然后跟对方讲我是因为什么事打电话就好了。

我就是这样得到荣誉军团勋章（Légion d'Honneur）[1]的，是我要来的。因为有个很可靠的人和我说，只有你去要他们才会给你，于是我就去要了。那个时候勋章已经好多年没有授给美国人了。戴高乐叫停了勋章在法国以外的颁发，原因是他们发现在战后的纽约，每个能端得出法国白兰地的服务生都有那么一枚。不过，我在《时尚》杂志的时候，曾经获得过一枚国家功勋奖章（Ordre national du Mérite）[2]，也很漂亮——是蓝色跟银色的，诞生自路易十四时期，后来由戴高乐重新颁发——但那个不是荣誉军团勋章，而那才是我真正想要的。

我非常喜欢勋章和绶带之类的东西。芭芭拉·赫顿在嫁给那个老挝人之后，她就得到了他那只老挝万象国家秩序勋章（Order of the Million Elephants and the White Umbrella）[3]，上面镶嵌着钻石和白色的珐琅，简直是漂亮得不得了！是那么地精致。有天下午我在办公室里说起了这个……不知怎么的，我的仰慕之情传到了老挝驻联合国部长的耳朵里。于是他给我写了一封热情洋溢的信，信上说："弗里兰夫人，您对我们的勋章感兴趣，我感到很荣幸。是的，那的确是一块非常精致的勋章，希望您从欣赏我的勋章当中获得乐趣。"于是他就派

1　荣誉军团勋章（Légion d' Honneur），法国政府颁授的最高荣誉骑士团勋章，1802年由拿破仑·波拿巴设立，以取代旧封建王朝的封爵制度，被保留至今。

2　国家功勋奖章 (Ordre national du Mérite)，设立于 1963 年，用于奖励为国家做出重大和突出贡献的法国公民。事实上，有不少外国人也因在法国表现突出、成绩优异而获此殊荣。

3　老挝万象国家秩序勋章（Order of the Million Elephants and the White Umbrella），老挝王国的最高级别骑士勋章。

人把他的勋章送过来了，在我这里放了两天。勋章的做工实在是简陋粗糙，他的勋章——就是一块锡片，上面涂了点已经干裂的白漆而已，需要芭芭拉·赫顿的点金之手。不管怎样，那着实是激发了我的想象力。

但是我们都会做梦。我们都会梦想着要某一样东西。那块垂在红色绶带下面的小小的荣誉军团勋章——和我在法国的童年回忆有着某种联系，我还记得看到大人们把勋章挂在西装的扣眼上。实在很难说得清楚，但对于我来说那勋章就是法国，是我出生和长大的地方。我记得来我父母家做客的人，都戴着那只小小的红色绶带——那些人是童年的我仔细端详过的人。那些年里我梦想得到的就是那个。

是法国大使来到法国驻华盛顿领事馆为我颁发的勋章。他为我戴上勋章的时候我喊着，“总算如愿了![1]”……我这一辈子真的有可能就此在那一晚愉快地落幕。

我还有好多的话没和你说。我有没有告诉过你我很喜欢马？还有那些曾经在公园大道和第七十九街交叉路口拐弯的马？我说过了？还有我房间里曾经有过一个玩具马厩，还有我曾经整晚都在给我的小马喂水的事？也说过了？那我给你讲过约瑟芬·贝克牵着豹子去看电影的事了吗？说过了？我给你讲过圣西蒙的斑马群把路都塞满了的事吗？你相信是真的，对吗？我给你讲过林德伯格开着飞机从布鲁斯特

1　原文为法语：Enfin！

上空飞过吗？其实也可能是别的什么人，但是谁在乎呢——就当他是吧！我有给你讲过加冕礼上的大象吗？当然是讲过了。还有打在“万人迷”拉扎尔的鼻子上的那一拳？其实，那我可是从没干过。为什么？因为可能会弄断我的胳膊啊！永远好不了了！通常当我开始重复以前说过的话时我就会知道——也就是说，灵感不再出现。生命当中只有一件事情重要，那就是灵感要不断地更新。嗯……但是我总不知道自己在说什么，所以事实就是，我偶尔也会重复已经说过的事情。

“我的结束即我的开始。”这话是谁说的？玛丽，苏格兰女王，不是吗？去查一查。

但是你要从哪里开始呢？第一件要做的事，亲爱的，就是要让自己在巴黎出生。我们的闲聊就是从那儿开始的。从那之后，一切就都自然而然地出来了。

我敢肯定是我自己选择在巴黎出生的。我也敢肯定是我自己选择了我的父母。我敢肯定是我自己决定要叫黛安娜的。而且我也很确定是我自己选了一个名字叫“粉红色”的保姆，别问我她另外的名字是什么，名字叫“粉红色”的人没有另外的名字。

附录：名词翻译对照表

[A]

艾哈迈德 · 埃尔特贡（Ahmet Ertegun）

琥珀月亮（Amber Moon）

安迪 · 沃霍尔（Andy Warhol）

爱丽丝 · 阿斯特（Alice Astor）

爱丽丝 · 奥博伦斯基（Alice Obolensky）

爱丽丝 · 冯 · 霍夫曼斯塔尔（Alice von Hofmannsthal）

爱丽丝 · 布维（Alice Bouverie）

亚历山德拉（Alexandra）

亚历克斯 · 利伯曼（Alex Liberman）

杜博伊斯大道（avenue du Bois）

弗什大道（avenue Foch）

阿道夫 · 门吉欧（Adolphe Menjou）

奥伯利 · 比亚兹莱（Aubrey Beardsley）

安托万（Antoine）

安娜 · 巴甫洛娃（Anna Pavlova）

亚历山大·谢尔盖耶维奇·普希金（Alexander Sergeyevich Pushkin）

埃夫里尔·哈里曼（Averell Harriman）

阿黛勒·阿斯泰尔·卡文迪什（Adele Astaire Cavendish）

阿方索八世（Alfonso XIII）

阿方索·德·普塔戈侯爵（Alfonso de Portago）

阿瑟·韦利（Arthur Waley）

奥黛丽·赫本（Audrey Hepburn）

阿里·汗（Aly Khan）

亚历山大（Alexandrine）

亚利桑那俱乐部（Arizona）

奥尔巴尼（Albany）

亚兰·傅尼叶（Alain-Fournier）

[B]

贝蒂（Betty）

贝贝·贝拉德（Bébé Bérard）

俄罗斯芭蕾舞团（Ballets Russes）

巴特（Butte）

贝缇娜（Bettina）

巴勃罗·毕加索（Pablo Picasso）

芭芭拉·赫顿（Barbara Hutton）

鲍利斯·戈都诺夫（Boris Godunov）

布洛涅森林公园（Bois de Boulogne）

巴伐利亚（Bavaria）

野牛·比尔（Buffalo Bill）

宝贝·贝尔·亨尼韦尔（Baby Belle Hunnewell）

宝贝·简·霍尔泽（Baby Jane Holzer）

布里吉特·赫尔姆（Brigitte Helm）

布莱克莫尔（Blackamoor）

芭芭·卢辛其（Baba Lucinge）

芭芭（Baba）

贝尼托·阿米尔卡雷·安德烈亚·墨索里尼（Benito Amilcare Andrea Mussolini）

鲍勃·钱勒（Bob Chanler）

比尔·赫斯特（Bill Hearst）

比尔·布拉斯（Bill Blass）

巴斯克自治区（Basque country）

巴伊亚（Bahia）

巴士底日（Bastille Day）

布莉姬·柏林（Brigid Berlin）

邦尼·梅隆（Bunny Mellon）

布卢明代尔百货公司（Bloomingdale’s）

布佐（Buzo）

芭芭拉·史翠珊（Barbra Streisand）

芭布·辛普森（Babs Simpson）

贝蒂（Betty）

* 巴伦西亚加（Balenciaga）*“巴黎世家”品牌创始人，本人是西班牙人，后品牌被巴黎公司收购。由于当时还没有被收购，所以根据前后文，感觉按姓名来译更好些。

鲍利斯·戈都诺夫（Boris Godunov）

本德（Bendor）

[C]

香榭丽舍大道（Champs-Elysées）

科迪（Cody）

克拉伦斯·狄龙（Clarence Dillon）

克里斯托弗·汉菲尔（ Christopher Hemphill）

考文特花园（Covernt Garden）

乔蒙德利（Cholmondeley）

卡梅尔·斯诺（Carmel Snow）

乍得（Chad）

卡坦（Caftan）

卡普里（Capri）

克里斯汀·迪奥（Christian Dior）

克里斯汀·乔治森（Christine Jorgensen）

查尔斯·罗斯爵士（Sir Charles Ross）

夏尔·皮埃尔·波德莱尔（Charles Pierre Baudelaire）

查尔斯·林德伯格（Charles Lindbergh）

卡洛斯特·古尔本基安（Calouste Gulbenkian）

凯瑟琳·德兰格（Catherine d’ Erlanger）

查尔斯·雷弗森（Charles Revson）

卡罗尔·麦克丹尼尔（Carroll McDaniel）

查理曼大帝（Charlemagne）

克拉克·盖博（Clark Gable）

奇普·钱农（Chips Channon）

卡梅尔·斯诺（Carmel Snow）

雪儿（Cher）

活希源（Courreges）

[D]

迪克·艾夫登（Dick Avedon）
普瓦捷的戴安娜（Diane de Poitiers）
达尔·科（Dal Co）
杜拉帕拉托酒店（Duna Palato Hotel）
德比勋爵（Lord Derby）
丹尼·塞尔兹尼克（Danny Selznick）
大卫·欧·塞尔兹尼克（David O. Selznick）
大卫·洛克菲勒（David Rockefeller）
蒂亚戈·委拉斯凯兹（Diego Velázquez）
多尔多（Dodero）
吉恩·雷蒙德（Gene Raymond）

[E]

埃德蒙·戈斯爵士（Sir Edmund Gosse）
艾米丽·凯伊·霍夫曼（Emily Key Hoffman）
埃尔西·门德尔（Elsie Mendl）
伊迪萨·贝克（Edythe Baker）
富兰克林·罗斯福（Franklin Roosevelt）
伊丽莎白一世（Elizabeth the First）
埃德温娜·德兰格（Edwina d' Erlanger）
翡翠·库纳德（Emerald Cunard）
厄内斯特·辛普森（Ernest Simpson）
尤金·德·罗斯柴尔德（Eugène de Rothschild）
恩斯特·罗姆（Ernst Röhm）
标准晚报（Evening Standard）

[F]

[G]

乔治·普林普顿（George Plimpton）

担保信托公司（Guaranty Trust）

格里芬（Griffin）

格蒂·劳伦斯（Gertie Lawrence）

信托担保公司（Guaranty Trust）

乔治·贝克（George Baker）

乔治·霍夫曼（George Hoffman）

琪琪（Gigi）

格洛丽亚·吉尼斯（Gloria Guinness）

格蒂·劳伦斯（Gertie Lawrence）

葛丽泰·嘉宝（Greta Garbo）

吉恩·雷蒙德（Gene Raymond）

萧伯纳（George Bernard Shaw）

吉普赛·罗斯·李（Gypsy Rose Lee）

德米特里大公爵（Grand Duke Dmitri）

乔瓦尼·波尔蒂尼（Giovanni Boldini）

[H]

汉诺威平台（Hanover Terrace）

《芭莎》杂志（Harper’ s Bazaar）

诺阿耶酒店（Hôtel de Noailles）

哈雷姆区（Harlem）

霍夫曼（Hoffman）

汉诺威（Hanover）

霍利斯·亨尼韦尔（Hollis Hunnewell）

荷尔拜因（Holbeins）

海伦基姆宫（Herrenchiemsee）

亨利·克卢斯（Henry Clews）

赫斯特出版集团（Hearst publication）

H. H. 罗杰斯（H. H. Rogers）

亨利·巴斯（Henry Bath）

赫尔夫·米勒（Herve Mille）

哈克尼斯治疗中心（Harkness Pavilion）

希斯巴诺 - 苏莎（Hispano-Suiza）

海瑞·温斯顿（Harry Winston’ s）

赫莲娜·鲁宾斯坦（Helena Rubinstein）

[I]

艾雅·阿布迪（Iya Abdy）

伊萨克·迪内森（Isak Dinesen）

海伦基姆宫（Herrenchiemsee）

“可怕的伊万”（Ivan the Terrible）

艾琳（Irene）

伊达·鲁宾斯坦（Ida Rubinstein）

艾伦·博多尼（Irene Bordoni）

艾尔文·佩恩（Irving Penn）

艾雅·阿布迪（Iya Abdy）

铁幕（Iron Curtain）

[J]

乔 · 帕洛卡（Joe Palooka）

杰克 · 尼科尔森（Jack Nicholson）

简 · 科威尔斯（Jan Cowles）

约翰 · 雅各布 · 阿斯特（John Jacob Astor）

杰基 · 肯尼迪（Jackie Kennedy）

约瑟芬 · 贝克（Josephine Baker）

让娜 · 莫罗（Jeanne Moreau）

珍妮 · 帕康（Jeanne Paquin）

杰克 · 肯尼迪（Jack Kennedy）

强尼 · 法辛尼 - 卢辛驰（Johnny Faucigny-Lucínge）

约翰内斯 · 维米尔（Johannes Vermeer）

约翰 · 佩罗纳（John Perona）

琼 · 佩森（Joan Payson）

约克 · 惠特尼（Jock Whitney）

J. 林灵 · 诺斯（J. Ringling North）

J.P. 摩根（J.P.Morgan）

朱莉（Julie）

约翰 · 沃尔夫冈 · 冯 · 歌德（Johann Wolfgang von Goethe）

约翰 · 辛格 · 萨金特（John Singer Sargent）

约翰 · 萨尔基特（John Sargent）

约克 · 惠特尼（Jock Whitney）

让娜 · 莫罗（Jeanne Moreau）

让 · 巴杜（Jean Patou）

让 · 科克多（Jean Cocteau）

让 · 季洛杜（Jean Giraudoux）

让·马莱（Jean Marais）
胡安·多明戈·贝隆（Juan Domingo Perón）
杰瑞·齐普金（Jerry Zipkin）

[K]

凯伊（Key）
乔治五世国王（King George）
凯蒂（Kitty）
琪琪·罗伯茨（Kiki Roberts）
苏格兰国王肯尼思二世（Kenneth II of Scotland）
肯尼思（Kenneth）

[L]

里布斯代尔夫人（Lady Ribblesdale）
美好年代（La Belle Epoque）
莱斯利·劳森（Lesley Lawson）
洛克裁缝店（Lock’s）
路易斯·哈维·查利夫（Louis Harvy Chalif）
罗威尔（Lowell）
琳达·李（Linda Lee）
里格斯·戴蒙德（Legs Diamond）
亚力山大夫人（Lady Alexander）
佩里·布朗洛勋爵（Lord Perry Brownlow）
卢奇诺·维斯康蒂（Luchino visconti）

路德维希二世（Ludwig II）

林德霍夫宫（Linderhof）

荣誉军团勋章（Legion d’Honneur）

列昂·巴克斯特 (Leon Baskt)

利兰·海沃德（Leland Hayward）

吉尼斯勋爵（Lord Guinness）

里布利斯代尔勋爵（Lord Ribblesdale）

露露·凡·伦塞勒（Lulu Van Rensselaer）

路易斯·凡·伦塞勒（Louis Van Rensselaer）

柯曾（Lord Curzon）

林德霍夫（Linderhof）

路易十四（Louis XIV）

路易十五（Louis XV）

路易·菲利浦（Louis Philippe）

列夫·尼古拉耶维奇·托尔斯泰（Lev Nikolayevich Tolstoy）

拉纳普勒（La Napoule）

刘易森体育场（Lewisohn Stadium）

利奥·德兰格（Leo d’Erlanger）

海佛城堡的阿斯特勋爵（Lord Astor of Hever）

莱昂·巴克斯特（Léon Bakst）

拜伦勋爵（Lord Byron）

德比勋爵（Lord Derby）

琳达·克里斯蒂（Linda Christian）

莫维思·曼森夫人（Lady Morvyth Menson）

奇妙水（L’Eau Merveilleux）

皇室之水（L’Eau Imperiale）

琳达 · 李（Linda Lee）

洛丽泰 · 扬（Loretta Young）

荣誉军团勋章（Légion d’ Honneur）

列宁格勒（Leningrad）

[M]

马克西姆餐厅（Maxim’ s）

米哈伊尔 · 福金（Michel Fokine）

见习艺妓（Meiki）

梅 · 韦斯特（Mae West）

奈芙小姐（Miss Neff）

麦凯弗夫人（Mrs. McKiver）

米哈伊尔 · 福金 (Michel Fokine)

马尔维那 · 霍夫曼（Malvina Hoffman）

玛丽 - 海伦 · 德 · 罗斯柴尔德（Marie-Hélène de Rothschild）

马塞尔 · 普鲁斯特（Marcel Proust）

莫娜 · 威廉斯（Mona Williams）

曼特侬夫人（Madame de Maintenon）

蓬帕杜夫人（Madame de Pompadour）

玛丽 · 安托瓦内特（Marie Antoinette）

墨索里尼（Mussolini）

米莉森特 · 赫斯特（Millicent Hearst）

玛丽恩 · 戴维斯（Marion Davies）

巴斯侯爵（Marquess of Bath）

蒙娜 · 俾斯麦（Mona Bismarck）

麦克斯韦尔（Maxwell）

玛丽·博登（Mary Borden）

马尔济斯·德·博塔戈侯爵（Marquis de Portago）

莫蒂默·斯契夫（Mortimer Schiff）

莫里斯·切瓦力亚（Maurice Chevalier）

米茨（Mitzi）

蒙克（Monk）

莫里哀（Molière）

扬先生（Mr. Young）

麦克·科威尔斯（Mike Cowles）

莫利纽克斯香水（Molyneux Perfume）

蜜丝婷瑰（Mistinguett）

玛格丽特·凯丝（Margaret Case）

梅登黑德（Maidenhead）

米兹纳宫（Mizner Court）

[N]

努比亚人（Nubian）

尼金斯基（Nijinsky）

努巴尔·古尔本基安（Nubar Gulbenkian）

讷伊（Neuilly）

娜塔莎（Natasha）

尼基·德·冈茨堡（Niki de Gunzburg）

诺埃尔·考沃德（Noel Coward）

宁芬堡（Nymphenburg）

新天鹅堡（Neuschwanstein）

奈尔 · 桂茵（Nell Gwynn）
纳芙蒂蒂（Nefertiti）

[O]
奥斯卡 · 德 · 拉 · 伦塔（Oscar de la Renta）
国家功勋勋章（Ordre du Mérite）
老挝万象国家秩序勋章（Order of the Million Elephants and the White Umbrella）
奥利佛（Oliver）
旧盖尔语（old Gaelic）
乌希（Ouchy）

[P]
皮卡迪利广场（Piccadilly Circus）
保罗 · 波烈（Paul Poiret）
普鲁士（Prussia）
坡斯特与福来格（Post and Flagg）
巴黎铁门（Parisienne grille）
佩里 · 布朗洛（Perry Brownlow）
佩吉 · 霍普金斯 · 乔伊斯（Peggy Hopkins Joyce）
波拉德（Pollard）
帕金斯（Perkins）
彼得 · 保罗 · 鲁本斯（Peter Paul Rubens）
假战（Phony War）

宝琳·德·罗斯柴尔德（Pauline de Rothschild）
宝琳·波特（Pauline Potter）
佩雷拉（Perrera）
拉雪兹神父公墓（Père Lachaise）
保罗·高更（Paul Gauguin）
帕特·帕特维奇（Pat Patcevitch）
佩纳蒂（Penati）
佩鲁贾（Perugia）
巴杜（Patou）
巴黎铁门（Parisienne grille）

[Q]
玛丽王后（Queen Mary）

[R]
摄政公园（Regent’ s Park）
《读者文摘》杂志（Reader’ s Digest）
洛尼·特利（Ronnie Tree）
里德·弗里兰（Reed Vreeland）
露华浓（Revlon）
罗道夫·德·朗格男爵（Rodolphe d’ Erlanger）
罗曼诺夫家族（Romanov）
里维埃拉（Riviera）
拉奎尔·梅勒（Raquel Meuller）
拉斯普京（Rasputin）

罗伯特·普鲁因（Robert Pruyne）
雷·戈茨（Ray Goetz）
芮塔·海华丝（Rita Hayworth）
瑞布（Reboux）
罗萨·刘易斯（Rosa Lewis）
理查德·柏林（Richard Berlin）
里戈（Rigaud）
拉巴特（Rabat）
罗杰·维维耶（Roger Vivier）

[S]
圣多明哥（Santo Domingo）
圣·洛伦佐餐厅（San Lorenzo’s）
塞缪尔·拉扎尔（Samuel Lazar）
西班牙苍蝇（Spanish Fly）
埃德蒙·戈斯爵士（Sir Edmund Gosse）
萨克森-科堡-哥达（Saxe-Coburg-Gotha）
萨克森（Saxony）
绍姆堡-利佩（Schaumburg-Lippe）
谢尔盖·迪亚吉列夫（Sergei Diaghilev）
萨迪-贝（Sadi-Bey）
萨拉托加（Saratoga）
查尔斯·罗斯爵士（Sir Charles Ross）
斯坦福·怀特（Stanford White）
西迪·布塞（Sidi Bou Saïd）

莎乐美（Salome）

桑尼·惠特尼（Sonny Whitney）

清少纳言（Sei Shonagon）

西德尼·约瑟夫·佩雷曼（S.J.Perelman）

圣西蒙（San Simeon）

设得兰（Shetland）

苏珊·特莱（Susan Train）

苏西（Suzy）

山姆·纽豪斯（Sam Newhouse）

圣·彼得大教堂（St. Peter’s）

[T]

塔蒂亚娜·利伯曼（Tatiana Liberman）

泰德·卢梭（Ted Rousseau）

汤姆·霍温（Tom Hoving）

塔鲁拉·班克赫德（Tallulah Bankhead）

托马斯·里德·弗里兰（Thomas Reed Vreeland）

蒂米（Timmy）

坂东玉三郎（Tamasaburo Bando）

汤米·希区柯克（Tommy Hitchcock）

坦豪泽（Tannhäuser）

提比略的宫殿（Tiberius’s palace）

托尼·蒙哥马利（Tony Montgomery）

泰隆·鲍华（Tyrone Power）

汤姆·霍温（Tom Hoving）

[V]

[W]

维特尔斯巴赫（Wittelsbach）

沃尔特 · 莫瑞拉 - 塞勒斯（Walter Moreira-Salles）

[Y]

《黄面志》（Yellow Book）

伊冯娜（Yvonne）

特里亚农别墅（Villa Trianon）

图书在版编目（CIP）数据

黛安娜·弗里兰自传/（美）黛安娜·弗里兰（Diana Vreeland）著；高月娟译. -- 重庆：重庆大学出版社，2020.1

书名原文：D.V.

ISBN 978-7-5689-1679-0

Ⅰ. ①黛… Ⅱ. ①黛… ②高… Ⅲ. ①黛安娜·弗里兰－自传 Ⅳ. ①K837.125.42

中国版本图书馆CIP数据核字（2019）第262536号

黛安娜·弗里兰自传

DAI'ANNA FULILAN ZIZHUAN

[美]黛安娜·弗里兰 著

高月娟 译

策划编辑：张 维　　责任编辑：张 维 戴倩倩

责任校对：邬小梅　　装帧设计：崔晓晋

责任印制：张 策

重庆大学出版社出版发行

出版人：饶帮华

社址：（401331）重庆市沙坪坝区大学城西路21号

网址：http://www.cqup.com.cn

印刷：天津图文方嘉印刷有限公司

开本：880mm×1240mm 1/32 印张：9.5 字数：229千

2020年1月第1版 2020年1月第1次印刷

ISBN 978-7-5689-1679-0 定价：49.00元

D.V

版贸核渝字（2018）第247号